聖学院大学大学院講義

ハルナックとトレルチ

フリードリッヒ・ヴィルヘルム・グラーフ［著］
近藤正臣／深井智朗［訳］

Friedrich Wilhelm Graf
Adolf von Harnack und Ernst Troeltsch

聖学院大学出版会

目次

第1講　帝政ドイツにおける宗教

アドルフ・フォン・ハルナックとエルンスト・トレルチについてお話しをします前に、この講義が取り扱う時代と、その時代における宗教的状況についてまずお話しさせて頂きます。それがこの第1講の課題となります。

ドイツの第二帝国の時期は、それをもっとも長くとれば、一八七〇／七一年からヴィルヘルム二世の退位、権力の剝奪まで、あるいはより正確には、第一次大戦における敗戦と一九一八年一一月の革命に続く個々の王家の退位までです。この時期は急激な社会変化とそれに続く政治的・社会的・文化的対立によって形作られ、しかもこの諸対立は一九一四年になってさらに激化しました。ドイツの近代史で、この帝政期の初期の数十年ほど劇的な変化を経験した時期はなかったでありましょう。伝統的なコーポラティズムの社会から、移動性の高い、顔の見えない階級社会へと移行したのです。この変化の裏にあったのが経済の資本主義的近代化でした。また農業主導の社会から産業社会へと転換し、さまざまな経済的勢力からなる敵対的階級社会への転換がおこなわれ、その速度は一八八〇年代後半以降、とくに加速化したのでした。そしてまさにこの産業化、そしてそれに伴う諸問題の発生と社会の急速な転換の加速化こそ、すべての社会集団と第二帝国の政治的な権力者にチャレンジをつきつけた中心的な問題であったのです。

このような急速な近代化の時代にあっては、この社会変動を統制することに責任を持つような新しい制度がどうしても必要になるのです。帝政期の社会史の特徴は、古い前近代的組織や社会がじょじょにその社会形成力を失い、多様な利害集団を代表する圧力団体が無数に生み出されたということにあります。同時に、様々な社会変革組織が創設され、それらは個々の社会集団の解放をめざし、強いイデオロギー性をもった様々な協会組織などに再編成されて行ったのです。このような、相互に異なった社会的・政治的団体がそれぞれの集団の利害に基づいて行動するという多元主義が根付き、これが、近代社会における政治、倫理、教会の役割についての神学的論争のあり方を規定することになりました。この論争の枠組みは今日に至るまで継承されています。政治面ではヴィルヘルム時代は基本的に権威主義的な政権でしたが、社会面においては、均質的ということはできず、かえってそれぞれの団体がその社会改革案を主張し、新しい社会とのかかわり方を通じてその利益を追求する社会、すなわちさまざまな社会集団が存在するという異質性が支配する社会でした。こうした状況を反映してか、プロテスタント教会もまた、独自の組織を生み出し、神学の教授たちが指導的立場を占めるような圧力団体が無数に存在するという状況でした。

イデオロギー的にも異なる諸集団のコラージュが急速に再結晶化されるということの時代の状況は、当時のドイツ社会にあった諸階級・諸集団が急速に差別化され、社会的緊張が高まったということとの現れでした。帝政期の思想史の際立った特徴は、それぞれの集団の文化、「イデオロギー上」のアイデンティティーが再生産されて、それがそれぞれの利害を追求していたということです。ヴィルヘルム時代の社会内におけるこのような諸集団間の緊張を階級闘争の観点からのみ説明するだけでは十分であるとは言えません。この時代のドイツ社会の多極化、分裂、社会階層間の深い亀裂には、イデオロギー上の障壁が同じくらい重要な問題であったのです。ライナー・レプシウスが述べているように①、ドイツの第二帝政期は四つの社会的・道徳的陣営から基本的に成り立っていました。まず第一に、保守的なプロテスタントの陣営で、主として貴族層、農民、中産階級、重工業層からなっていました。第二が、リベラルなプロテスタントの陣営、第三がカトリック、第四が社会民主主義陣営でありました。そしてこれら諸陣営は帝政期の政党の発展史にそのまま反映され、かなり安定した四つの政治的なブロックが成立していたのです。つまり、一八世紀、一九世紀初頭の基本的な対立軸だった政治的リベラリズムと政治的保守主義との対立はその重要性を失いかけ、より多様化した敵対関係が現れ出てきたのです。それは当時の社会的分裂の反映であったわけですが、それぞれの陣営の間の亀裂をますます深化させたのでした。

確かにプロテスタントが帝政期を支配していましたが、帝国が全面的にプロテスタント的であったわけではもちろんありませんでした。当時の政党を見るなら、政治的カトリシズムも特別な役割を果たしています。カトリック教会は彼らの政党であったカトリック中央党を通して極めて強力な圧力団体を形成し、その影響力も議会では急速に拡張して行ったのでした。種々の困難を乗り越えてカトリック中央党はドイツ・カトリシズム内の社会的分裂や障壁を克服することに成功しました。他の政党では、特定の社会集団の特殊利益によってその政策が決定されていましたが、そのどれと比べてみても、カトリック中央党の社会的基盤は均質性を欠き、貴族的大地主から小作農、ブルジョア上層部、産業層、労働者、中産階級下層、それに先のない「旧階級」から新興中産階級までを全て包括していたのです。しかしカトリック中央党は、妥協と恒常的な社会的・政治的コンセンサスの追求を通して、政策としては驚くほどの成功を手に入れることが出来、一八七〇年代以降、帝国議会でも決定的な地位を保持することができたのでした。地方レベルのカトリック聖職者が中心であったとはいえ、カトリック中央党は、教会の権威や秩序から徐々に自立性を高め、独自の団体となって行ったのです。

この政治的カトリシズムの基盤は、堅固な教会組織、信者団体網でした。ただドイツ・カトリシズムは、文化的、政治的、神学的に言って、今日のプロテスタント神学者たちが言うほどには一枚岩ではありませんでした。[2] しかし、プロテスタントの国民的リベラリズムとビスマルクの権威主義的国家が結び付いたために、ドイツ・カトリシズムはその伝統的な神学上の指向性、その教義上の自己理解を抑制する必要があると感じ、近代的で、多様であるが堅固な信者団体を組織せざるを得ないと考えたのでした。カトリック陣営内部での伝統的イデオロギーと近代的社会政策の奇妙な結合という問題を、エルンスト・トレルチは次のように述べています。

「われわれは、これまで法王が近代主義破壊を行った中でももっとも強力な反近代的なものをここに見る。……〔それは〕組織化などの社会的手法を通して、非カトリック文化からカトリック人口、カトリック聖職者を分離しようという趨勢が一般的になり、生活のすべての面において、精神的知的な原則を持つ特殊なカトリック文化を創造し、強化しようという傾向である。……しかもその統一を通じて、革命の起きそうな州に支援を提供しようということであった。これを通して、カトリシズムが内部から国家を分裂させることになるのは明らかである。しかし同時にこのことが、社会的に価値のある諸力から信者を切り離してしまったこともまた明らかである。上から、政府と結び付くことによって力を回復しようということはもはやできない相談である。もちろん可能な時にはこれを試みもするが、今は教会を通じて、社会的・政治的組織の結成とその社会化を通じて力を回復しようとすること、これが彼らカトリシズムの意図である(3)」。

このカトリック陣営の強制的近代化で決定的な触媒になったのが一八七〇年代や一八八〇年代のいわゆる「文化闘争」でした。この社会的・宗教的対立は決してただ単に近代のプロイセンやその他のドイツ諸州がローマ・カトリック教会にしかけた反対運動、そしてそれに対してカトリック側がその伝統的自由と教会の特権を国家から守ろうとして起こした反抗などというものではありませんでした。「文化闘争」における激しい反カトリック的な政治活動は、主としてプロテスタント系のブルジョアジー（政治的にいえば国民的レベラリズムに傾き、社会的・宗教的多元主義を拒否していた）から派生した諸集団に支持されていました。彼らはローマ・カトリック教会に、進歩を阻む封建主義の危険な残存物を見、科学・技術・産業の進歩を阻む要因を認め、人間が権威に単純に依存する状態に置かれているという現実を見たのです。彼らの目から見ると、カトリックの教義はあらゆる社会的な進歩、移動性、ものごとを達成しようという個人の努力、禁欲的な労働のエートスに原理的に反対するものに見えたのです。これらリベラリズムの文化闘争者にとってカトリックの人々は、後退を旨とし、反進歩派で、惰性的で、静寂主義的な道徳を唱える者に見えたのでした。(4) 従ってこの闘いは、彼らの進歩の理念のための闘い、文化的覇権を実現する闘い、ドイツ社会をリベラルなブルジョアの価値観に基づいて作り上げるための闘いだったのです。究極的にはこの「文化闘争」は国内の均質性を高めることにつながりました。つまり、それはリベラルな帝国主義の価値観と規範に合致するようなかたちで「新国家」を外から強化し、内から統合しようとするものだったのです。しかしながら、アイロニックなことですが、まさにこの国民的リベラリズムのプロテスタントたちの過激な闘い、ドイツ社会内の宗派の伝統的多元主義に反対する闘いこそが、カトリシズムの内的均質性を促進し、それによってその政治的有効性を高めることになったのです。国家公認の「文化闘争」が一八八七年に終焉を迎える頃になってもなお、政治的カトリシズムは内部分裂を克服していなかったのです。すなわちカトリック中央党を支持する個々の社会諸集団間の関係も緊張状態にありましたし、聖職者と教会からの独立を唱える職業政治家との紛争も解決していませんでした。しかしそれでもカトリック内部では、その統合力の方がその分裂傾向より概ね強かったと言えます。

とりわけ、国家による抑圧の記憶、プロテスタントのエリートによるカトリック教徒の社会的誹謗、それにプロテスタント的なブルジョアジーによる攻撃が結局はカトリック内部の統一の促進力となったのです。そして「文化闘争」が公式には終焉を迎え、いわゆる「五月法」が廃棄された後も、帝国内におけるカトリックに対する差別の諸形態は決して解消されませんでした。カトリックの人々は、社会的、政治的生活の大抵の分野において、その数に比べて極少数の社会進出しか可能ではなかったのです。特に大学を中心とする教育面、プロイセンの官僚組織内、それに帝国内の政府組織、軍部においてそうでした。[5] リベラリズムのプロテスタントたちは、カトリック中央党や「カトリック・ドイツ連盟」（これは時の非社会民主党系大衆組織の中では最大のものでした）がドイツ政治の「ウルトラモンタニズム」を進めることになるのではないかと心配したのです。つまり、中央党のもとでは新生国家をますますローマ教皇庁とその周辺の神学者たちに依存させることになると思えたのです。さらにこれは、進歩を奉ずる彼らにとっては常に目の上のたんこぶのような存在であり続け、その後も両者の間で繰り返される政治的・イデオロギー的論争の争点であり続けたのです。一八九〇年代末になると、このような状況はますます悪化し、プロテスタントとカトリック間の政治的・宗教的衝突が再び起こり、一九世紀末までにはこの時代の多くの評論家が「新文学文化闘争」が起こっているとまで言うようになったのでした。カトリックの「後進性」、つまり彼らには近代性が足りないという言い方がさまざまなプロパガンダのために有効なものとして用いられるようになり、その結果、カトリック陣営では「ゲットー構造」がいつまでも強く残ることになったのです。そして帝国内のカトリック信徒の文化的自己孤立化の傾向は、国民的リベラル・プロテスタント内の反カトリシズム闘争をますます激しいものにしただけでした(6)。

こうした、新しい国家におけるカトリックの信徒の地位をめぐる論争(文化的に見て相当激しい論争でした)の政治的意義というものが、時のプロテスタント大学の神学のあり方にも反映されていたのです。カトリシズムとの衝突、そして伝統的な宗派主義的な教義上の再構成はやがて、当時のすべての神学部、諸宗派にとって重要な論点となりました。一九世紀末になって個々の神学の分野が独自性と専門性とを強めるにつれて、諸宗派の神学を規定することになる信条が重要な問題となったのでした。さらにこの新しい問題に付属する諸分野(主として教会史家や組織神学者によってなされたものですが)の主たる目的は、非プロテスタント信徒による告白(第一義的にはカトリック教徒の告白)の教義、礼拝様式、信条、そして倫理学を個別に学問的に追求することでした。宗教意識の違い、文化的指向や価値観の対立が、プロテスタントたちによるカトリシズム研究の焦点となったのです。これに加えて、神学的リベラリズム、調停神学等の立場に立つ無数のプロテスタントの教授たちもまた、カトリックの影響力に反対してこの闘争に加わりました。なぜならこのカトリックの影響力はますます大きな脅威になりつつあると彼らの目には写ったからです。そのために、彼らは「ドイツ・プロテスタントの利益擁護のための福音主義教会連合」で指導的な地位に就きましたし、反ウルトラモンタニズムの運動を強く支持したのです。[7] 著名な教授でこの連合のメンバーとして活躍した人のリストがありますが、そのなかにはオットー・プフライディラー、ユリウス・カフタン、アドルフ・フォン・ハルナック、マーティン・ラーデ、オートー・バウムガルテン、そしてカール・ホル等の名前が見えます。この「連合」に入った主要な神学者たちは精力的に講演を行い、新聞に記事を書き、政治的・学問的にも訴えることによって、黙示文学的な危機を説き、宗教改革の中心地で、このままでは真のドイツ・プロテスタンティズムの文化が必ずや破壊されてしまうと預言したのでした。ローマ教皇の意志が、ドイツの世界大国への野望を危険に陥れていると彼らは論じました。カトリック中央党が、そしてドイツの政治組織に浸透しているウルトラモンタニズムが帝国のプロテスタントの価値を犯しつつある、と彼らは言うのです。この連合で活躍していた他の歴史学や文化科学の研究者とともに、大学の神学者たちは政府が「文化闘争」を再開すべきだとの要求をし、カトリックの教職の再雇用契約に反対して論陣を張り、カトリックの影響力を抑えようとして、カトリック系の大学神学部やその宗教教育に対して批判的な意見を表明して戦ったのです。リベラリズムの間ではこうした要求のすべてが賛成を勝ち得ていたのです。

世紀が変わるとこの運動はさらに盛んになり、リベラル・プロテスタンティズムの少数の著名な代表的人物だけしか、この「連合」の過激な反カトリシズム的な態度を克服しようとしなくなり、開かれた教会、改革指向の「近代派」のカトリック神学者との社会・政治的連携を求めるような動きはほとんどなくなってしまいました。少数者というのは、たとえばハルナック、トレルチ、ラーデなどです。(8) ところが、彼らはそのように意図してはいなかったと思いますが、彼らの意見が、どういうわけか何人かの保守派プロテスタントの神学者から支持を受けることになったのです。保守派の人々は、「連合」がその宗派上の同労者たちを攻撃して、文化運動を展開したことに反対していたのです。彼らは「五月法」は教会の伝統的な結社権を侵害している、そのために神の法に対して挑戦をしかけたものだ、と論じたのです。しかも多くのプロテスタントの保守派が、「文化闘争」はプロテスタント教会の国家への従属を強めることになるに違いない、したがって当局に対して教会の制度的自治を求めていた自分たちの努力に逆行することになると考えたのです。それ故に保守派は反カトリシズムと国家的イデオロギーのリンクには強行に反対をとなえたのでした。この関係はまさに「連合」の特徴であると彼らは見たのです。その結果、この「連合」には、ポジティーフの神学の立場を取るごく少数の保守派プロテスタントしか加入しなくなってしまったのです。

しかし興味深いことに、これまで見てきました通りプロテスタント保守派の神学者とローマ・カトリックの神学者との間にはいくつかの類似点がありました。たとえば、ともに「いわゆる国家から自立した教会」を想定しましたし、教会組織については、コーポラティックな地域社会を通しての社会のキリスト教化を考えていました。また、教会立の学校を持ち、そこで宗教教育を行うことを重視しましたし、リベラルな個人主義を批判し、競争を旨とする資本主義経済に反対し、より根源的には、科学・進歩に信をおく近代の世俗主義を批判し、神学と教会との緊密な関係が必要だと主張していました。それどころか、保守派神学者たちはリベラリズムの同僚たちがこの時代のリベラルな時代精神に同化して行くのに抗議して、意図的にカトリック系の神学者たちに近づいて行ったのです。家父長的コーポラティズムの価値観を共有していたことを基盤として、この両グループは、多様なリベラリズムの諸集団の影響を削ぐため、保守派プロテスタントがカトリック中央党と協力することを求めて発言したりもしたのでした。さらに「社会問題」を解決するための、教会モデルと社会的・コーポラティズム的戦略との相関関係が、実はプロテスタント保守派とカトリック政治家が社会民主主義勢力に反対する闘いを進めることを可能にしたのでした。キリスト教系の労働組合では公式には宗派にこだわらないという態度でしたが、現実にはカトリックに牛耳られていたにもかかわらず、このようなことが可能であったのです(9)。

しかしながらカトリシズム内部では、このような全キリスト教会的な協力はやがて、同一宗派主義者と、カール・バッヘム等のキリスト教系労働組合の超宗派主義者の代表者との間に、いわゆる「組合論争」を引き起こすことになったのです。同一宗派主義者とは、社会的・政治的組織、あるいは組合組織において厳密な宗派主義を唱えていた人たちのことです。この「組合論争」の行方は、帝政期の社会的分裂がいかに深いものであるかということをよく示しています。カトリシズム内部に、意見の違いが広がっていましたし、公認宗教としての教会、カトリック中央党、さらには多様な諸組織の間で緊張が高まっていたのにもかかわらず[10]、同一宗派主義者は世論（大学神学、種々のカトリック系譜協会、諸組織なのですが）の中では、一九一四年まで独占的地位を占めていました。第一次大戦が勃発し、休戦後になって初めて、カトリックとプロテスタントは古くからの宗派的な差異を克服し、いわば緊張緩和にむけて努力しはじめたのです。しかし一九一八年の革命後、ワイマール連立政権の政治（社会民主主義者たち、カトリック中央党の政治家、ドイツ民主党の左翼リベラル派との間に組まれた）は、一八八〇年代の「文化闘争」を焚きつけた宗派論争に再び火をつけることになりました。一九二〇年代の革命を経験して、第一次世界大戦におけるドイツの敗北、君主制の崩壊を経ると、超宗派的な関係はさらに悪化の一途をたどり、かつては国民的リベラル・プロテスタントの基本的考え方だった過激な反カトリシズムが保守派プロテスタントの代表によっても支持されることになったのでした。

カトリック陣営の強化と並行して、社会民主主義者の陣営が帝国の一般的社会問題において、それまでより顕著な役割を果たしはじめました。この傾向は政党政治のレベルでもっとも注目すべき動きになりました。ドイツ社会民主党が、多様な抑圧的機構が働く中で、とりわけ弾圧的な選挙制度にもかかわらず、非常に広範な選挙民からの支持を勝ち取ることになるのです。一九一二年の帝国議会の選挙が終わると、同党は国内最強の議会政党にまで成長していました。ここでもまた、決定的な支持基盤は網目のように張りめぐらされた諸組織・諸協会でしたし、彼らが労働組合で労働者の利益を守ったことにあったのでした。

とりわけ、悪名高き「社会主義者法」（ドイツ社会民主主義運動を国家が弾圧した法律ですが）が適用された時期を通じて、プロレタリアート諸組織が複雑な形で出来上がっていたことが、相対的に独自の「労働者文化」を作り上げたのでした。それは具体的には、公営の図書館、高等教育を行うリセや大学、「自由国民劇場」、その他労働階級のための文化施設などです。これらの中から、いわば労働者たちの「文化の聖典」のようなものが出来たのでした。この中では次の三原則がもっとも重要なことでした。第一に、レッシング、シラー等の古典的ブルジョア文学の普及（これが労働者の意識の開放に決定的な役割を果たしました）、第二に、伝統的宗教的教育観と教会とを、教育・文化の中心的存在から論争によって追い出すこと、そして第三に、教育的な要求（特に近代化への指向と社会政治的進歩に大切なことと考えられていた自然科学系と歴史の教育）でした。

自然科学の普及や社会民主主義的な教育運動への浸透においてもっとも重要だったのが、ダーウィンの進化論のイデオロギー的進化論への転換でした。これにより、この社会集団の特殊利益が正統性を持つことになり、同時に、自由という普遍的王国に向かって文化的に行進するのが正しいことなのだという観念を強化することになったのでした[11]。マルクス主義をフリードリッヒ・エンゲルスが普及させたことに関連して（これは、社会主義の勝利を歴史的必然と位置付けました）、このイデオロギー的進化論は未来に対する楽観主義を育てましたが、そのことは他方で宗教上の意味をも持つことになりました。いかにこの世界観を科学的な根拠に基づいたものにしようとしても、社会民主主義の未来への希望はやはり、キリスト教終末論の伝統にある黙示録のシンボルによって強く特色付けられていたのです。一八七〇年代に革命直前にまで至ったとき、政治的にはそのような期待が裏切られたために、社会民主主義の理論家たちは、科学的な歴史論ではなく歴史の終わりには自由の王国が訪れるという宗教的な観念に依存することに方針の転換を図ったのです。それは、今は社会民主主義が困難に直面しているが、革命後の社会主義国家が目的論的必然性をもって必ずやってくるはずだというもので、それによって未来の革命によって生まれる国家に正統性を付与するためのものでした[12]。

確かにプロテスタントのエリートと伝統的な支配階級の間には緊密な関係がありました。つまり、プロテスタントの国民教会が権威主義的政治体制に参加したことで社会民主主義陣営は教会の信条を批判することを、いわば栄養源とすることができたのです。しかしそれにもかかわらず、社会民主主義者全員が、あるいは全労働者がキリスト教や宗教一般に対して敵意をもっていたというのは正しくありません。とくに下層階級の女性は何らかの宗教心をもっていましたし、西ドイツの工業地帯（特にルール地方）では労働者たちの集団がいくつかの新たに生み出された多様なゼクテや自由教会運動に関わっていました[13]。教会側は社会民主主義に敵対的でしたし、社会民主党のイデオロギーは全般的に反教会信仰でしたが、かなりの人がプロテスタント教会との関係を維持していました。帝政期ドイツの時代を通じて、帝国議会の社会民主党議員の約五分の一が教会に属していたと言われています[14]。にもかかわらず、従来の伝統的な信仰を科学的教育や経験によって捨てるということは、社会民主主義陣営の自己規定の決定的要因のひとつでした。このため、第一次世界大戦前の約十年間においては、社会民主主義者は教会を離れるよう積極的に説いて回りましたし、生活の基本的な不安・危機に対処していく上で、教会的なキリスト教以外の文化を安定化させる方向に決定的な貢献をなしました[15]。たとえば社会民主主義者たちは、自由思想家たちが火葬の合法化をとなえた運動と結び付きました（この運動はこの他にも教育程度の高い階層でキリスト教に批判的な人たちの支持がありましたし、著名なリベラリズムの神学者たち、たとえばハルナックやトレルチの公的な賛成論もありました[16]）。社会民主主義陣営内では、火葬支持は（当時はかなり多くの州で禁止されていましたので）科学的合理性に帰依する生活の証として特に象徴的な意味を持ちました。つまり基本的に、キリスト教の復活信仰は現実逃避主義という幻想のイデオロギーの代表であり、現世の試練に対して来世を説くものである、というのです。

社会民主主義の陣営と政治的カトリシズムがこのように固まると、ドイツの第二帝国は、帝政期の領土をはるかに超越するところで、ドイツ・プロテスタンティズムの神学的・政治的論争を形作るような社会・政治的緊張の形がそこに出来上がるのを見ることになりました。ひとつの中心的な対立は、プロテスタンティズムが、カトリシズムと社会民主主義のイデオロギーに反対したことにありました。それぞれが対立しているのですが、相互に関係もありました。というのは、カトリシズムが国際的指向をもち、教皇庁と繋がっていたように、社会民主主義は労働階級の国を超えた連帯のビジョンを持っていたからです。カトリック中央党のカトリック教徒と社会民主主義者の、一見したところ非愛国主義的なコスモポリタニズムは保守的な大学の神学者によって繰り返し、しかも厳しく批判されただけでなく、リベラル・プロテスタンティズムの同僚たちからも顰蹙をかいました。(17)

第2講　ドイツ帝政内におけるプロテスタント神学

第1講では、ドイツの第二帝政期の社会的な状況について宗教の問題との関連で見てきましたが、次にプロテスタント教会と神学との関連で述べて見たいと思います。一八七〇／七一年におけるドイツ帝国の創設は、ただ単に政治史における重大な転換点以上のものでした。歴史においては往々にしてそういうことがあるわけですが、この一九世紀の出来事は、関係者すべての宗教的背景と合わせて解釈されてきました。ですからドイツ語圏の諸州、諸邦の一般国民がただちに、プロイセンの勃興を宗派政治の観点から観るようになったことは驚くに足りません。プロテスタントの人々にとっては、プロイセンがオーストリアに勝ち（一八六六年）、フランスに勝った（一八七一年）ことはプロテスタンティズムの文化的優位性の証拠であると理解されたのでした。負けた諸国は基本的にカトリシズムの国であり、よってそれらは経済的・科学的・教育的・政治的に後進国であるとみなされたのです。

しかしながら、プロイセンがより優れた近代性を持っているという巷間の確信に具体的な政治的形態を与えたのは何と言っても中産階級の官僚たち、および高い教育を受けた者のうち国民的なリベラリズムの指向をもった新興のエリート階級でした。合理的行政、禁欲的エートスという市民的義務の観念、社会指向の改革精神、そしてプロテスタントの道徳観の公的生活への注入などがその特徴でした。高い敬愛を受けたプロイセン王、そして後のドイツ皇帝となったヴィルヘルム一世(一七九七～一八八八年)とならんで、ビスマルク(一八一五～一八九八年)が間もなく、ドイツ・プロテスタントの大衆のシンボル的存在となります。ビスマルクは、かつてはその権威主義的政治スタイル、反議会主義、さらには伝統的農村貴族層の保護者であったとして、リベラリズムのプロテスタント神学者たちからは総攻撃をうけたこともありましたが、一八六六年以降は、同じ神学者たちの多くが政治的プロテスタントの国家的英雄として称賛をおしまなくなったのです。

この政治的事件の後、プロテスタントの大学神学者は、一八六六年の強制的編入後のプロイセンがはたして政治的に正しく、道徳的にも正統性を持ち得るのかという点についての論争に集中的に参加しました。この論争はまったく混戦状況でした。ビスマルク擁護派はとりわけプロイセンの国教会の出身者が多かったのですが、彼らは、マルティン・ルターからフリードリッヒ大王、それに続く改革者ビスマルクという歴史的な系譜を組み立てまして、新しいドイツ帝国を宗教的歴史的意識から擁護しようとしました。これに対して、プロイセンに不法に編入された諸公国の領邦教会の代表たち(特にハノーファーおよびシュレスヴィッヒ＝ホルシュタインのルター派教会)、また著名な大学神学者たちは、ビスマルクを強烈に批判し、彼の力による政治は道義的正統性のかけらもないものと決めつけたのです。プロイセンは編入によって全ての真の法的神的秩序の根本を犯した、と彼らは見たわけです。しかしながら、宗派的に言えばルター派でありながら保守派のビスマルク批判者は、かなりのエネルギーを傾けて、七〇年代になって、新ドイツ帝国創設とプロテスタント的伝統との間に緊密な関係があると主張できるようになるような歴史神学を展開したのです。これにはほとんど例外というものがありませんでした。多くの保守派のルター派神学者はそれまで固定観念の故に反プロイセン的な傾向をもっていましたが、今や、ドイツがフランスに勝ったこと、ドイツが新たに帝国を建設したことを、歴史における神の摂理の象徴であると見るに至ったのです(18)。

マルティン・ケーラーはハレの組織神学者で主導的な保守的知識人でした。彼は特に、その時代の歴史的出来事を重視しました。彼は、ドイツ史におけるプロテスタントの継続性を強調しました。そしてリベラリズムの過剰なナショナリズムをはっきりと批判はするものの、プロテスタンティズムとドイツ国家との総合を唱えた説からそのいくつかの要素を自分のものとして使い、それらを政治的ルター主義の神学のなかに組み込んでもいるのです。ケーラーは、敬虔なルター派の神の意志に従う義務として、いまや、プロテスタントの保護者である皇帝にありがたくも忠誠を誓い、この国の内的充実に積極的に政治的にもコミットするのが信者としての価値ある行いであると述べています。ルター派教会の側からはこれ以外にもかなり多くの人が、その政治倫理として、皇帝と帝国を受け入れるのは道徳的に重要であり、プロイセンの支配する国民国家に神学的な正統性を付与することが正しいことだと考えたのです。

保守的なルター派の人々がこのような政治理論上の立場の方向転換をする上で、出発点になった考え方が、フランスとの戦争を宗教史、神学の観点からみるということでした。[19] 説教の記録、教会の印刷物等、この時代の無数の書き物において彼らは、フランスの侵略者に対する戦いは「正義の戦争」であり、神に託された文化的使命を果たそうとするものであるとしています。プロイセンがその南や北に位置する公国と手を組んでフランスと戦うのは、いかなる意味においてもただ単にドイツの安全を守るためではなく、より根本的には「一七八九年の理念」という反キリスト教的な原理に戦いを挑んでいるものだと主張したのです。つまりフランス革命の理念こそ近代の悪の根源である、というわけです。西に位置する隣国諸国との戦いでドイツは、啓蒙主義、人間中心主義、唯物主義、資本主義、無神論、共和主義、民主主義と戦い、そしてカトリシズムとも戦っていたというのです。カトリシズムとの戦いは決して軽視できないもので、その権威主義的教皇崇拝とローマ中心主義がまず第一に人を反キリスト教にするというのです。そしてこのような考えは、一七八九年以降、パリから急速に波及したと見たのです。これら反フランス的言辞を弄する神学者たちはみんな力をあわせてプロテスタント陣営に対して、それらを無視するか拒否することを勧めました。この戦争は、神に従わない者に、教会からの離反者に、神が審判を下したものと解釈されました。この戦争で神は、われわれに道徳的戦争を挑むよう、ドイツ人に訴えていると解釈したのです。この戦争で神の恩寵に応えようとするのならば、それは公的生活の完全な再キリスト教化、教会への新たな帰依しかないというわけです。しかしながら、軍事的に短期間で勝利し、プロイセン帝国が建設されると、「悔い改めよ」、「反省せよ」という大学神学者の声は急速におとろえ、ドイツ国家こそが「選ばれた民」だとする歴史的神学的信念によってそれらはとって代わられてしまったのです。この新たな信仰によれば、ドイツは神に選ばれた国家で、それはかつてのイスラエルと同じであり、神はこの教会に、キリスト教のドイツ・プロテスタント的な形態を広める使命を与えた、ということになりました。

一八六六年から一八七一年にかけて国内の政治雑誌などにさかんに書きまくったプロテスタント神学者たちは、それに劣らぬ熱意でもって七〇年代、八〇年代においても、新帝国の政治・文化のあり方について広く論陣を張ることになりました。こうした論議の中心になったのは、帝国の内部建設においてプロテスタントの伝統がどのような役割を果たすべきかという点でした。つまり、プロテスタントは古くからあった諸公国などのドイツ人諸グループを統合する上で、階級間、諸集団間のギャップをうめて一体性を勝ち得るためにいかなる貢献ができるか、ということです。この論争では、リベラリズムの文化的プロテスタントと保守派の教会プロテスタントが文化の概念をめぐって相互に反対の立場をとりました。これは宗教と教会との関連についての代替的思考、それに時の近代文化をどのように評価するかについての意見の対立と関係していました。しかしある点では、双方の側の大学神学者たちの意見は一致していました。すなわち新しい帝国においてはプロテスタントの伝統が、すべての社会集団をつなぐ主導的文化の役割を果たすべきだという点では、相互に反対はなかったのです。不思議なことに、リベラリズムと保守派の神学者がその違いを一端わきに置いて、新帝国内におけるプロテスタンティズムの重要性について口をそろえて強調するということがあったのです。この当時、ドイツ人のほぼ三分の二がさまざまなプロテスタント教会組織、自由教会の諸団体に所属していました。その伝統に従って実は、プロテスタンティズムは各領邦で独自な組織形態を保持していました。各国の教会の独自性が教会の教義や儀式、文化の面に残っていたのです。その結果、単一の統一国民教会の概念、あるいはプロテスタントの帝国教会の概念が一八七〇／七一年以降、リベラリズムによって広められていましたが、それが広範な反対に合い、同じように、領邦教会の代表を中央で決めるという案にも反対がありました（後者はただ、彼らの相対的独自性を守るのがその目的ということでありましたが）。しかしそれにもかかわらず、強力なまた統一されたプロテスタンティズムのみが、外部の脅威から新しい社会を守り、この時代のドイツ社会にあった内部の分裂状況を克服できるという主張を、この両者はそれぞれ曲げようとはしませんでした。

リベラリズム、保守双方の有力な神学者たちのこうした要求は、文化的覇権主義という点では一致していましたが、それぞれの政治的表現はまったく違っておりました。リベラリズムの側では、その世界観も政治的自己規定も、国民的リベラリズムであるブルジョアジーの考えにかなりの部分で縛られておりました。彼らにとっては、新しい帝国創設は古くから待ち望んでいた夢の実現でした。基本的な自己規定の中に、宗教と教会とを区別すること、また宗教を道徳心と結び付けて考えるということがありました。プロテスタンティズムの本質は何も教会の儀式に出ることにあるのではなく、また昔からの宗派にこだわることにあるわけでもなく、そうではなくて進歩的な宗教的・倫理的・知的生活様式にある、というのです。この習慣を実践すること、それが新たにできた帝国内のプロテスタントの中心的な課題だと位置づけられたのです。

特殊プロテスタント的価値観のリストがこの新しい社会の中心的な要めとなったのですが、それは断固としたものでした。国家政治の脱宗教者化、科学的自立（学問的神学が教会から独立することも含めて）、教育制度の世俗化、世俗的職業への宗教的価値の付与、家族に対する深い敬意、そして強力な国家のアイデンティティ等がそれです。リベラリズムの神学者によると、宗教改革は文化の差別化（これこそが近代文化を特徴付けるわけですが）が起こったことに他ならないものでした。彼らはプロテスタンティズムと、科学や芸術、道徳、宗教が独自の自立した分野として登場したこと、そしてそれぞれが独自の価値と法則を持つようになったということの間に、極めて重大な相関関係を見たのです。このためリベラリズムの神学者たちは、この差異を新しい「文化総合」（しかもそこでは聖職者が支配的地位を占める）で解決するとか、教会の説く教説と諸価値の衝突とを管理するというようなやり方を、はっきりと反プロテスタント的だとして拒絶しました。このような考え方は彼らには中世の聖職者尊重主義、ローマの権威主義への逆行としか映りませんでした。もちろんリベラリズムの陣営も、教会は社会の統合力だとは見ていたのです。しかしそれを伝統的な教会制度と同一視するのではなく、自由な宗教的人格からなる共同体、共通の意識によって結ばれた共同体の中に求めたのです。最高の文化価値のみが、そしてリベラル・プロテスタンティズムの知的・文化的思考における信仰理解のみが、国家や社会を宗教的基盤を持つ道徳の精神と結び付け得る、そしてそれが起こることによって、プロテスタントの伝統をドイツの新帝国の主導的文化的力とすることができでる、それこそ自立した人格である、と考えたのです。

プロテスタンティズムは同時に市民的でもあり、宗教的でもあるという理解をもっともよく顕したのが、広く読まれたパンフレット「ドイツ帝国における政治原理としてのプロテスタンティズム」です。これはロストックの旧約学者ミヒャエル・バウムガルテンが一八七二年に書いたものです。バウムガルテンは一八七四年から一八八一年まで国民自由党の帝国議会議員を勤めており、神学の世界では「政治の先生」としても知られていましたが、広くリベラリズムの支持を得ていました。彼はその中で新しい帝国とプロテスタンティズムとの関係を強調しているのです。ただしこのパンフレットは、プロテスタント国家を作ろうとしたものだとか、政治に聖職者が従属すべきだとの含意があったというように解釈されてはなりません。逆に、バウムガルテンにとっては、自由なプロテスタント市民が主唱していた政治的プロテスタンティズムというのは一方で神政政治や創造の秩序の原理といった迷信的諸力に反対し、他方で社会主義や共産主義という異教徒の力に対抗する、真の国家の特性と形態を支持するべきものでした。そして政治的プロテスタンティズムというのはドイツにおける二千万人のカトリックの信者がその抑圧的なウルトラモンタニズムから解放される唯一の道であったわけです。[20]

バウムガルテンのリベラリズムを見ると、当時のリベラルなプロテスタント神学の人たちの持っていた政治や文化の概念が実はとても非寛容であったことがよく分かります。ドイツ社会の宗教的・文化的・政治的多様性をどうしても認めようとはしなかったのです。リベラルなプロテスタントはこの多元性をリベラルなブルジョア・エリートの支配によって克服しようとしていたのです。その中心的理念は、プロテスタントの宗教的道徳的個人主義と新しいヒューマニズム教育を重ね合わせ、ドイツを文化国家として深く根付かせることに焦点をあてたものでした。

ルター派の保守主義者は「国民的リベラリズムの宗教」に反対していました。この言葉はコンスタンティン・フランツに遡るものです。フランツは反プロイセンの政治評論家で、連邦論者、リベラリズム批判家でもありました。保守派の神学者たちはリベラル派の同僚神学者たちを無視して、近代における文化の分化をどうしても認めようとはしませんでした。プロテスタントのリベラリズムは宗教改革の文化的意義が、政治の非聖職者化にあったこと、文化の相対的自立化にあったことを取り上げて、それは政治世界の、神の法からの解放であって、保守派の考え方は宗教的正統性をもたないと批判したのです。

宗教と聖職者重視とを基本的に区別したリベラリズムの考えに、保守派のプロテスタントは異を唱えましたし、「プロテスタントの本質」が自由な宗教的・道徳的諸人格の調和のとれた帝国に向かって進むことであるという考えにも彼らはついて行けませんでした。彼らの文化の理念は自由に行動する個人を中心としてはいないのであり、教会を決定的文化的活力と見なしたのでした。社会の道徳的進歩については、強力な国民教会の保持に希望と信頼を託しました。これこそがすべての政治制度・組織、社会諸集団に、強制力を持った価値観と方向性を与えるものだとしたのです。政府の権威、競争を旨とする中産階級の社会の中での異なる諸集団間の社会的和解を確保しようとすれば、それは結局、教会がキリスト教道徳の精神を国民の間に普及させること以外にないだろう、というのです。このため、プロテスタントの保守派はリベラリズムよりはるかに強力に、教会が社会を見張り、巡視する社会的・政治的権利というものを要求したのです。彼らは、教会と君主制がより緊密に協力することを原理的に認め、広めようとしましたが、同時に彼らは、政府や議会からの制度的独自性を確保することをも訴えました。自立した集団として、政治的風潮や世論の揺れにわずらわされないような教会を持つことによってのみ、キリスト教的指向性を決定でき、それを擁護できるとしたわけです。ただ、保守派神学者たちはリベラリズムの価値観や理念に深い不信の念を抱いていたにもかかわらず、プロテスタントのキリスト教が新しいドイツ帝国全体において大きな文化形成力を発揮することには疑いをはさみませんでした。それどころか、プロテスタントだけが近代の危機を克服できるという信念が保守派の社会的ユートピアの中にもありました。宗教改革の伝統を新しくすることによってしか、帝国の存在を内外から確保することはできない、と彼らは考えたのでした。

帝政期の学問世界では、新生ドイツの統一問題の解決者としてプロテスタントの伝統がもっとも重要な役割を果たすべきだと考えたのは神学者たちだけではありませんでした。その他の「人文科学」、とりわけ歴史学の指導者たちもまた、宗教改革と帝国建設との間にに重要な継続性があると主張していました。[21] プロテスタントの歴史家ヘルマン・バウムガルテンが一八六六年に『ドイツ的リベラリズム――ひとつの自己批判』という綱領的な書物を出版したのですが、これはビスマルクの現実主義的な政治をドイツ・リベラリズムが受容する上で決定的なきっかけになりました。その他にも、いわゆる新ランケ派のマックル・レーマンやマックス・レンツ、それにエーリッヒ・マルクスなどもまた、文化国家に対するプロテスタント的信仰の重要性を広めました。[22] このような名前がついたのは、ルター派の保守主義者であったレオポールド・フォン・ランケにちなんでのことでした。一八九〇年代以降、これらの歴史家たちが強い影響力を持ち、宗教改革の文化的意味について多数のわかりやすい研究を発表しています。

彼らがプロテスタントの「文化意義」について、歴史学の視点から関心を抱いた理由を知るために、彼らの研究の内容を見ますと、彼らが単にプロテスタンティズムの過去について調べたり解釈したりすることだけに関心があったのではないことがよく分かります。彼らは歴史を、現在において社会に方向性を与えてくれる源と見なしていました。宗教改革の研究にあたっても新ランケ派は、ドイツの新しい共同体が個々の社会諸集団の間で紛争や緊張が高まっていることによって、またそれが負担になっている中で、どのような倫理的指針をそこから学び得るかということに関心があったのです。彼らの歴史主義者としての信条は次のように簡潔に要約することができます。それは、今日の悪から救済されるためには、ドイツ史の中心であるプロテスタントという根源に生産的に戻るしかない、というものです。ドイツ文化ですばらしかったのは、ドイツ観念論にしろ、ワイマールの古典時代や、解放戦争の精神にしても、すべて、プロテスタントの土壌に育ったものだ、というものです。同じことが、プロイセンの「政治的プロテスタンティズム」による帝国建設についても言えることだというのです。それ故にドイツ社会で競っている諸集団を結び付けて、統一された文化国家を形成するには宗教改革に思いをはせ、プロテスタントのエートスを活性化させるよりほかにない、というわけです。(23)

このような歴史的構想をもって、この時代の歴史家たちは（そのほとんどがプロテスタントでしたが）、全体の調和的統一の信念を普及させ、それがすべてのプロテスタント神学の諸派を席巻しました（もちろん大学には反ブルジョア的なほんの数名を例外者がいたことは確かです）。このナショナリスティックな精神構造が一八七〇／七一年以降、神学世界の全体に驚くべき速さで広がったのは、当時の文化的・学問的論争にプロテスタント神学者が積極的に加わったことと深く関係しています。しかしリベラル・プロテスタンティズムを中心として、多くの神学者たちは、ただ単に、哲学者や歴史家、経済学者などが声をそろえて教養市民層に説いていたプロテスタント文化の特別の使命についての信念を強化しているにすぎませんでした。またプロテスタントを中心にして国家的統一を達成しようという考えは、この時代のリベラルな政治家の行動にも大きく影響しましたが、これは次のように要約することができます。すなわちキリスト教という宗教の中で、敵対的な社会を変革させ、倫理的な基盤に基づいて統一された社会を形成し得るのはキリスト教のプロテスタント的な形態だけである、というものです。近代の危機に鑑みれば、宗教改革の道徳性を再生することによってしか、確固とした歩み、揺るぎない方向性を獲得することはできない、というのです。こうした信念は、組織神学者のフェルディナンド・カッテンブッシュの論文集『世界大国としてのドイツ』（一九一一年）に収録された諸論文の中によく表れ出ています。カッテンブッシュは、「ある意味では、疑いもなくわれわれはかつてなかったほどに、宗教改革の果実で養われている。世界列強の中でドイツが伍して行こうと考え、世界大国としてのドイツの基盤について思考を巡らす者は誰でも、プロテスタンティズムがもっとも強力なものの一つとしてそこに存在するのを発見するであろう、つまり宗教改革、ルター、そしてその影響力である」と主張したのでした(24)。

帝政期のドイツ社会の急速な近代化と、これに関連する大きな問題のひとつが、強く伝統的特質を残した、その政治体制でした。社会の近代化と君主制の権威主義的体制との間に、裂け目が生まれていたのです。もちろん、いかに帝国の根幹が権威主義的だからといって、それだけに全てが支配されていたわけではありません。より近代的な要素もありました。たとえば政治分野における改革（帝国議会の選挙法、社会保障政策など)、世紀が変わる頃からの政党の意義の増大、全体としての政治文化の多元化(市民組織が広く普及したことによる)、そして帝国議会の権力の増加などです。急激な経済の近代化、そのために生じた多くの社会的・文化的問題があり、それが政治上の改革要求、適応への圧力の高まりにつながるのですが、「立憲君主制」という権威主義の体制なのですから、その政治的対応が十分でなかったのも当然のことでした。

社会が大きく変化しているのに、政治が追いつかないということの状況の原因は、ただ保守派が力をもっていたからだけではありませんでした。真の原因は制度に内在する問題だったと言うべきでしょう。とりわけ、帝国の政体が連邦制だったこと、そして帝国全体とプロイセンの二重国家であったことは、徹底した議会改革を困難にした根本的な原因でした。[25] プロイセンは帝国の領土の三分の二を占めていました。一九〇〇年以降は帝国議会の権限が増大した上に、政党など各種政治組織の意義が増しましたので、政治文化も近代的特質を備えることになりましたが、そうなるとドイツ社会の政治的諸集団は実は非常に複雑なものであったということを覆い隠せなくなってしまっていたのです。さまざまな規模の少数集団が引き続き社会的差別を受けることになり、社会民主党員の労働者の場合のように、政治参加の機会をほとんど奪われているような事例もあったのです。[26]

ビスマルクの作った憲法では、権力の分散にあたって、その相互の政治的責任が十分に、あるいは一貫して決められていないような機関が競合するという形になっていました。政治力は、皇帝と彼に従属する大臣たちの間で分かち合うことになっており、各州の政府はプロイセン政府にならって上院と帝国議会からなっていました。このような制度が、特殊ドイツ的な「立憲君主制」として正統性を与えられていたのです。そしてそれは、「東洋の専制政治」と「西欧の無政府主義に近い議会主義」の両方を避けるためだと説明されました。プロテスタントの神学者は、実はこの憲法を正当化する上で大きな役割を果たしました。いや、ただ単に保守派プロテスタントの神学者だけでなく、著名な文化人プロテスタントもまた、このドイツの憲法のあり方を真の宗教改革的な方向性を実現化したものであると考えていました。単一で強力な権威を強調したのは（つまり政府が帝国議会から独立していたことを指していますが）、ビスマルクがルター主義から学んだことのひとつを示していると彼らは論じました。すなわち個々の人間あるいは個々の社会集団はそもそもその本性からして罪深く自己中心的だから、その邪悪な傾向と闘うには強力な権威が必要だ、と論じたのです。彼らは、神が君主にその権力を与えたとし、「プロテスタントの皇帝」というイデオロギー的教義とその神権に則って、純粋な議会主義、帝国議会だけによって作られる政府というものを厳しく批判しました。こうして神学者は、帝政期の政治文化に広く見られた権威主義的傾向にかなりの貢献をなしたのです。具体的には、君主の「個人的権力」、行政府と立法府との分立というまやかしの妥協、そして古い封建制支配者への制度的特権の賦与等の主張です。

確かに個々の政治的論点については神学者は、保守派の神学者も含めて、ビスマルクが権力を彼に集中したことを戒めました。前産業的なエリートたちと新興ブルジョア支配階級とのカルテルが出来ていて、この権力の集中が可能になったのです。しかし一九一〇年以降になると、マルティン・ラーデを除いては、神学者で、旧エリート層や彼らの権力への接近を批判する者はほとんどいなくなりました（それは非民主的な選挙制度が問題でした）。リベラリズムの神学者の典型的政治意識といえば、権威主義＝保守主義の分子と、民主主義＝リベラルの分子とが秩序ある政治体制のもとで総合を達成することが不可欠だ、というものでした。この考えによりますと、政治秩序という保守派の理念と、個人の政治参加増進を求める民主的闘争という理念との両方に対して、キリスト教倫理は正統性を賦与するべきだ、ということになるのです。しかし、リベラリズムの神学の反対者はすべて（「正統主義」も「ポジティーフ」も）、政治的保守主義を擁護し、君主の権威を強化すべきだと発言し、さらにリベラリズムの改革の要求をきっぱりと拒絶したのですから、現実的に考えれば、エルンスト・トレルチとアドルフ・フォン・ハルナックなどのリベラリズムの神学者の唱えた妥協は、基本的には保守派の勢力の増強を助けることになったのです。

もちろん大学の神学者たちはただ憲法体制の正統性賦与に参加しただけではなく、無数の政治や倫理に関する論文や講演を通して、この時代の広範な社会的政治的諸問題についても発言して行きました。帝国議会や各州の議会では議員としての数は多くなかったものの、多くの神学教授たちが政治的に権限を持つ公職についたり、多様な組織のメンバーとして活発な活動をしました。[27] これらの神学教授たちがどの政党に入っていたとか、どのような投票行動をしたとか、あるいは時事評論でどのような主張をしたかという点については、正確な資料に基づいた比較研究を待ちたいところです。また全体としてプロテスタント神学者たちが他の分野の教授に比べてより「政治的」であったかどうか、その政治活動やその見解が他の分野の同僚たちとどのように異なっていたかなどについては、資料に基づいた研究はなされておらず、従来の言及は推測の域を出ていません。しかしそれでも、帝国において神学教授たちが一般的に考えて、政治化されていなかったというのは正しくないでしょう。教会政策に関してのプロテスタンティズム内の激しい論争だけを見ても、一定の政治的立場を採ることを強要されていたと思われます。また、既に見ましたように、プロテスタントの伝統は帝政期の政治文化にとって大変重要なものでしたので、聖職者と一般の論者との間で相互に反応しながら、間断のない論争が行われていたと見られます。つまるところ、保守、リベラリズムを問わず、政治家は神学者たちの政治的見解、政治的抱負によって自らの見解を正当化してもらうことを当然のこととして、期待していたわけです。そして、すべての神学者（ポジティーフかリベラリズムかを問わず）がそれに応じ、それぞれの陣営をイデオロギー面でまとめるような「政治的世界観」を共同して作り上げようとしたのですし、そうしたことのために彼らの努力を集中させたのでした。

経済の急速な資本主義化が社会にもたらした様々な変化や危機についても、教会や神学は一定の立場を採ることを余儀なくされました。政治的状況だけでなく、新しい産業主義についても発言を迫られましたし、いわゆる緊急の「社会問題」について、解答を模索する努力に参加せざるを得ませんでした。産業化やその結果に対処することを迫られた神学者たちの受けた圧力は、彼らの倫理について書いた多くの論文、また彼らが社会改革をめざした組織や機関などに関わったことに顕著に現れています。六〇年代および七〇年代においては、少数のリベラルの論客と、保守的なルター派の代表とは言えない少数の神学者しか、伝統的な倫理規範から離脱して、新たに登場したプロレタリアートの貧困に対処しようとはしませんでした。伝統的には、国家、結婚、家族、それに個人の道徳的義務・美徳などが神学的倫理学の論点になっていましたが、一八三〇年代になると状況は大きく変わり、どの派に属する神学者もみな、「社会倫理」と「道徳的指針」について盛んにものを書きはじめました。

教会から離れた形で社会民主主義が政治的に成功を収めたのに頭をいためていたこれら神学者＝倫理論者は、伝統的倫理学の問題を、「社会問題」を分析し解決するための道徳的基準として適応させるために改造することを求めたのでした。この新たな方向付けにおいて、何人かの大学神学者が、ヨーハン・ヒンリッヒ・ヴィヒェルンというプロテスタントの社会改革者の唱える「国内伝道」という考え方に導かれて行きました（これは極めて保守主義的な考えでした）。彼らはこの教養のある中産階級の社会改革運動のさまざまな組織で活発な活動をしました。すなわち同時代人に「講壇社会主義」とか「知識人の社会主義」とか呼ばれた運動がこれです。(28)

一八八〇年代になると、プロテスタント＝君主派の社会的な保守主義者たちは、ベルリンの教区監督であったアドルフ・シュテッカーと保守派のキリスト者で経済学者であったアドルフ・ヴァーグナーの主導によって、プロテスタンティズム内で社会政治活動を行う独自の組織をつくりました。それがいわゆる「福音主義社会協議会」です。その組織が作られて数年間は、経済学者やその他の文化研究者と近かった大学神学者たちが協力したのですが、その後この組織は分裂してしまいます。一八九六年、シュテッカーを支持する保守主義者たちが、そもそも自分たちが創設した協議会を脱退し、「国内伝道」派と協力して新たな組織である「自由教会社会協議会」を結成してしまったのです。この競合組織設立の裏にあった意図は、社会改革の理論的概念の発展というより、教区の牧師たちの具体的な社会活動を促進することにありました。これら教区の牧師は「国内伝道」の協力者であり、キリスト教主義労働運動の役員たちでもあったのです。このような分裂にもかかわらず、この両方の組織が、帝国のさまざまな社会や政治問題と社会改革の戦略を神学的な側面で支え、それを中心的主題とする神学の展開に大きな貢献をなしたことは明らかなことです。(29)

ドイツの急速な資本主義的近代化から生まれた社会問題に取り組むのに相応しい倫理的方向のモデル、これを求めようとする神学者たちの努力は、ただ単に実践神学者や組織神学者の倫理的論争に止まるものではなく、聖書の解釈学や教会史の研究にも大きな影響を与えたのでした。しかし、これは予測できることとですが、宗教が社会の改革にどの程度まで影響を与えることができるのかということになると、リベラル・プロテスタンティズムの神学者と保守派の諸集団との間にはかなりの意見の違いがありました。保守主義者はその多様な社会福祉活動を、社会民主主義の労働者をキリスト教化しようとする試みであると明確に定義しました。これらの労働者は、大多数は教会からは疎外されていました。しかし伝統的な教会信仰への復帰、つまりは教会の興隆が、これら外部的な困難緩和の中心的条件、プロレタリアートの道徳的頽廃解決の条件だとされたのです。ですから社会民主主義の唯物主義と社会民主主義労働組合（とその中心的武器であるストライキ）に反対するイデオロギー的闘争というものが、社会政治的評論の中心テーマになりました。この宣伝戦で保守派は強い家父長的概念を唱えましたし、産業労働者たちを少しずつでも教会に引き戻すべく、「キリスト教的組合」を訪問し、教会の認めた「勤労者クラブ」を訪れ、「国内伝道」のための「援助センター」を設けたのです。

さてリベラリズムの神学者たちもまた、社会民主主義にはイデオロギー的に敵対していましたし、労働者を社会民主主義から遠ざけ、君主国家に戻すような社会改革をめざす「文化国家」の中で彼らの唱える倫理的理想が実現するのが望ましいという、論陣をはりました。彼らは、著名な経済学者とか、萌芽期にあった社会学の同僚と緊密な学際的協力を行っていました。それでもやはり、福音主義社会協議会に参加していたリベラリズムの神学者の何人かが、労働者の諸権利を制度化する闘いで社会民主主義組合の支援をする準備をしたりもしたのでした。キールの実践神学者であったオットー・バウムガテンのようなリベラリズムの大学神学者の数人は、ストライキに入った労働者のために財政的支援を行ったり基金集めの運動を行ったりしました。[30] 世紀が変わると、福音主義社会協議会はストライキに参加した労働者の家族が収入を失ったのを助けるため何度も寄付を募り、これによって保守派からは厳しい批判をこうむることになりました(31)。

ドイツが近代的産業社会として生まれかわったことで、急激な人口の伸び、そして労働者の移動性の増加という問題がこれに伴って生じたのでした。一八七一年までには帝国の人口は 四五〇〇万を越し、その平均寿命は伸びることが期待され、死亡率も下がっていました。同時にドイツは、その他のヨーロッパ諸国からの移民の流入に見舞われます。主として東に位置する諸国からの移民がありました。一八七一年にはこの新興帝国に二〇万人以上の外国人が住んでおり、これは総人口の〇・五パーセントだったのですが、一九一〇年には一〇〇万人を越したのです。その三分の二が東ヨーロッパ諸国出身でした。この移民ブームから派生する社会問題、とくにデンマークとポーランドからの非ドイツ系の少数集団の統合の問題は、帝政期における社会政治論争の中心的テーマでした。

世紀の変わり目のころになると、プロテスタント神学者は、これら非ドイツ系少数集団の統合について熱い論争を交わすようになります。この論争のきっかけになったのは、デンマークとポーランドの少数集団を帝国当局が強制的に同化させようとして、「ドイツ化」のためには強硬な抑圧的手段を辞さず、という態度に出たことでした。たとえば、政府はポーランドやデンマークの移民の子女の宗教教育はドイツ語で行うべきであるという命令を出したのです。リベラル・プロテスタンティズムの神学者が数名、これを非キリスト教的であるとして非難しました。その中でもマールブルグの組織神学者マーティン・ラーデが『キリスト教世界』という週刊雑誌の編集長をしていて、プロテスタント系教養市民層に対してかなりの影響力をもっていたのですが、彼が、これら二重国籍の移民に対して相対的文化的自治を与えるべきだとして、強力な論陣をはりました[32]。

しかしながら、ラーデの訴えは保守的な社会派プロテスタンティズから強硬な反対にあいました。この人たちは貴族層、農民、伝統的中産階級から強い支援を受けていました。当時、無数にいた保守的「政治家牧師」の中でももっとも著名だったのがアドルフ・シュテッカーで、彼は長年、プロイセン議会の議員をつとめ、帝国議会でも議席を得ていましたが、このシュテッカーが激越かつ煽情的な反対運動を行ったのです[33]。彼は、「社会改革のための中央連合」の共同創設者になると、一八七八年以降、キリスト教労働党（後にキリスト教社会党となります）を通して社会民主主義に闘いを挑み、帝国内におけるデンマーク、ポーランド系の少数者の市民的平等に反対して、過激で、宗教的でもあり人種主義的でもある「怨念」をもって闘ったのです。ところでシュテッカーの運動はただ単にプロテスタント中産階級、あるいは社会的には保守的な教区の人たちに影響を与えただけでなく、保守派の大学神学者の学問的研究にも多大の影響を与えました。このような大学神学者が、当時プロテスタント内部の論戦では「ポジティーフ」、あるいは「正統主義」と呼ばれた神学者なのですです。この伝統的保守派の中でも疑いもなくもっとも影響力が強かったのがベルリンの組織神学者ラインホールド・ゼーベルグでしたが、彼は、均質的「国民的文化」という精緻な体系を作り上げ、もしこれが実施されていたら非ドイツ系の市民はそのほとんどが公民権を剝奪されたであろうというような主張をしています。[34]

世紀の変わり目においては、人口の劇的な伸び自体よりももっと大きな脅威となったのはそのことから生じるさまざまな社会的帰結でした。つまり都市化の進展、そして田園生活の文化と、都市の「アトム化され、根なし草化された個人の集合」（エルンスト・トレルチ）との間の緊張の高まりです。二〇世紀初頭において、ドイツ社会はいくつかの人口移動を目撃していました。東部農村地帯から中部・西部の工業地帯（ルール地方など）への移動がその例です。これにも増して大きかったのは、都市化の急激な進展でした。一八七一年の都市人口はたった三六パーセントでしたが、それが一九一〇年には何と六〇パーセントに達していました。都市人口の実数は一三八〇万人にもなったのです。

このような状態は地方政府当局だけでなく、教会にも新しい困難な問題をつきつけました。田舎の生活から多くの市民が都会の生活に移ったのですから、これがやがて都市部の教区の拡大につながり、それが、いくつかの地区をかかえた大型の教区になって行ったのです。こうなるともう、教区を牧会することができなくなります。二万とか三万の「魂」の面倒を見る牧師の仕事は、それまでのやり方ではとてもできませんし、教区の福祉の仕事も十分には手がまわりません。[35] こうした聖教者による奉仕は壊滅的状態となり、それに対して、種々の「社会的プロテスタンティズム」が社会福祉の仕事や産業労働者の面倒をみる仕事を始め、さらに多様な都市の集団が（主としてイギリスで行われたものをモデルとして）社会サービス活動を始めました。たとえば「ミッドナイト・ミッション」、アルコール中毒者のための「治療センター」、ホスピスなど、助けを必要とする人や貧困層の救援を行う「伝道」です。シュテッカーが中心になって行った「ベルリン・ミッション」は特に有名で、社会民主党労働者の救援を行い、個人的なケア、なじみやすいアプローチで、これ以上の「非キリスト教化」、「非道徳化」を避けようとしていました。

都市という生活空間において何とかして新しく精神的・社会的な方面での教会の影響力を確保しようという試みが行われたにもかかわらず、大学神学者の多くにとって、教会と都市との関係は基本的に不協和音を伴い、緊張状態にあったのでした。都市化とか都市生活についてのこの時代の神学的・倫理的学説では、優先順位はまず、匿名性の恐怖を和らげる、その他、個性の喪失、疎外、ストレス、生活の無意味さ等をやはり緩和することにありました。都市の生活は社会的連帯の喪失に、魂の喪失につながると考えられていたのです。特にルター派の多くの神学者はその社会的・政治的見解において、反都市＝親農村の傾向をはっきりと示しており、伝統的教会が中心となって秩序を守るものだというかつての貴族層の考えを是認していました。これに対して、多くのリベラリズムのプロテスタントの間では、前産業的生活形態と産業主義的資本主義的生活形態との調停をしようと力を注ぎました。こうした、いや彼らは、都市支援の宣言までし、いわゆる「住宅改造運動」まで活発に行ったのです。こうした宗教的リベラリズムの団体のうち有名なのは一八六三年にできた「ドイツ・プロテスタント連合」

ですが、こうした運動を中心になって支持したのは都市の教養市民層でした[36]。しかしながら、リベラリズムはやがて、彼らの経済的・技術的進歩に対する信仰は必ずしも、教養のある自由人の調和のとれた帝国を導くものではなく、逆に、多大な社会的危機、絶え間のない利害の衝突からなる敵対的社会になってしまうのだということを認めざるを得ませんでした。このことが明らかになればなるほど、その文化にたいする信仰（すなわち自立した人格の英雄的な力にたいする信仰）を時代の根本的批判にさらすことになったのです。まったく悲劇的なことですが、彼らは、その知的エリート主義を大衆にぶつけ、近代の顔のない社会は自由な人格を強奪してしまったと主張したのです。こうした大衆に対する態度（すなわち懐疑的でもあり、大衆蔑視の要因をも内包していました）は、都市の巨大さ、匿名性に直面した時代の文化的・批判的幻滅とも関連があります。都市生活と対決する上でリベラリズムの神学者は、この時代の近代文化の内的矛盾を強烈に体験したのでした。つまり、目も眩むような技術的進歩と産業労働者の絶望的貧困が同時に存在するという逆説です[37]。

プロテスタント神学者がこの時代の政治的・社会的・人口論的諸問題に対処する際のさまざまな方法を見ると、プロテスタンティズムというのは個人の宗教以上のものであったことが分かります。それ以上に、プロテスタンティズムは集合的な「思考様式」（マンハイムの用語）になっていました。これこそがかなり過激なナショナリズムを伴って、顔のない産業社会（第二帝政期は一九〇〇年までにはこうなっていました）の社会的亀裂と対立とを隠し、多元的社会を文化的に統合しようと試みた集合的「思考様式」なのです。すべてのドイツ人の「想像上の共同体[38]」が、権威主義の国民国家と多元的な産業社会との間に調和を得るためには、プロテスタンティズムの「想像上の秩序[39]」を必要としていたのでした。

一九世紀末には既にプロテスタント的なナショナリズムは、「政治宗教」の兆候をはっきりと示していました。この「政治宗教」は、伝統的宗教的確実性に対する信仰が失われたのに代わって、個人に生命の新しい意味を提供し、道徳的生活の基盤としてドイツという国家を提供することで補償しようとしました。同時に、この国家的イデオロギーは左から右にシフトしました。彼らは第二帝国、新しい国民国家を、神聖プロテスタント「ドイツ国家」として祝福したのです[40]。この新しい、保守化しつつあった「政治宗教」は、ふたつの機能をもった統合のイデオロギーとなりました。ひとつは、相互に疎遠になってしまった社会的・道徳的陣営の間にあった深い溝を埋めること、そしてもうひとつは、張りめぐらされた国家的諸団体に属する大衆を一つの権威主義的体制にしばることでした。大衆の社会的状況を改善し、新たな生活の意味を提供するためには、主としてドイツを世界規模の大国にし、ドイツ人によるより大きな生活領域を確保するのがよいと論じられ、そのためには、海外の植民地を獲得し、東ヨーロッパの植民地化を行うのがよいとされました。それが「社会改革のための中央連合」の考えでした。この国家レベルのナショナリズムは、明快な敵を指し示し、対立と社会変化の危機の時に安定したナショナル・アイデンティティーを提示するものでした。そして、戦時社会の複雑な関係がデンマーク、オーストリア、フランスとの「統一戦争」の間に出来上がり、一九一四年まではおよそ三百万人を擁する最強の大衆組織となっていました。名目上はこうした大衆組織は宗教には関係ないとされていましたが、現実にはプロテスタンティズムの力があまりにも強力だったために「ドイツ国家への献身」は神から与えられた義務を果たすことであると見られるくらい、その宗教的基盤がはっきりしていました。(41)

この他にもナショナリズムの喧伝をした組織は複数あり、「凡ドイツ連盟」などもまたプロテスタントが支配するところとなり、福音主義連合の支持を得ていました。(42) それどころか、この連合は一般国民の間で攻撃的なナショナリズムを普及させる上で非常に貢献しましたし、伝統的プロテスタント信仰とナショナリスティックなイデオロギーを新しく総合することにより、この新しいナショナリズムに宗教的正統性を与えたのです。プロテスタントの神学者がどのくらいナショナリズムの普及を助けたか、諸学生団体の伸びをみるとよく分かります。つまり、「ドイツ学生協会」を一八八〇年に立ち上げるのに協力したのは主としてプロテスタントの神学部の学生でしたし、これによって「西側の唯物論」反対のキャンペーンと過激な反ユダヤ主義を共に統合した新しい反リベラリズムを普及させることに成功したのです。(43)「ドイツ学生協会」に集まったこれら若き神学徒たちは、「キリスト教ドイツ青年」の前衛と自らのことを見ていましたし、そのナショナリスティックかつ反ユダヤ主義の理念は、教会の青年たちの社会化を目指したその他の神学徒の諸団体にも、じょじょにその影響力を行使していくことになるのです。

しかしながら、このナショナリズムの統合力はその主唱者が望んだほどには効果がありませんでした。帝政期はナショナリズムの形態といっても、単一のものがあったわけではなく、ナショナル・アイデンティティーを解釈するきわめて広範な思想があったのです。過激な反ユダヤ主義と資本主義・民主主義批判が中心となっていたような思想から、ヘルダーやフンボルトの新人文主義の遺産を受け継いで、他国民のアイデンティティーも認めて、同時にドイツの文化的認識を深めようではないかというイデオロギーまでさまざまでした。こうした多様性にもかかわらず、ナショナリズムの形態はそのどれもがプロテスタント陣営に関連していたのです。アドルフ・シュテッカーやその他保守的な「道徳的プロテスタンティズム」の中心人物などの唱えた反ユダヤ主義から、(44) ゲッティンゲンの宗教史家パウル・ラガルデの国民国家の思想、ハルナックの弟子であったパウル・ロールバッハの「倫理的帝国主義」観、(45) そして自由主義的な神学者アルトゥール・ボーヌスの説いたドイツ的キリスト教のビジョンまで、すべてがこのプロテスタント陣営内の思想でした。

ボーヌスはキリスト教の「近代化」を教会的伝統の完全な「ドイツ化」という次元でとらえました。全面的にドイツ的なキリスト教、ドイツのキリスト教のみが、労働者にしろ教養階級にしろ、教会から離れてしまった者を再び安定した宗教的アイデンティティーに戻すことができると彼は論じたのです。(46) キリスト教のシンボルをすべてドイツ的なものに変えてしまおうという計画は、新国民国家の統合が目的でしたが、それはリベラリズムの牧師がいる教区やプロテスタント系団体の指導者たちの間で人気があっただけではありません。より重要なことに、これが著名な大学神学者にも受け入れられて、学問的に組み立てられた倫理的な文化概念として受容されるようになったということなのです。この点でもっとも重要なのはベルリンの組織神学者オットー・プフライデラーでした。彼の「文化的な国民神学」論はドイツ国境を越えて、つまり英語世界にまで影響力がありました。「イエスの理想的（・ヒューマニスティックな）宗教とドイツ的特性」をつなぎ合わせた「ドイツ的キリスト教[47]」という考えをもってプフライデラーは、この帝政期の政府が、すべての社会諸集団を調和的に包括するような市民宗教を発見するのを手伝ったのです。彼の「ドイツ的キリスト教」という考えは、ますます内部分裂が進んで相互に敵対的になっている社会を転換して、「民族的な共同体」を形成しようとするものでした。この学問的プロパガンダはさらに、文化の世界的使命に献身したいくつかの組織で、神学教授たちが行った活動にも助けられました。この国際的でプロテスタント的な活動の裏にあったモティーフは、「異教徒」はプロテスタント・キリスト教に改宗すべきであるという確信ではなく、「異教徒」にヨーロッパを主導するキリスト教国家のより高位の道徳的文化を知らしめなくてはならないとの確信だったのです[48]。

第3講　アドルフ・フォン・ハルナック

帝政期ドイツの政治的状況と、それと緊密に結び付いたプロテスタンティズムの状況を第1講と第2講で概観しましたが、次にアドルフ・フォン・ハルナックの生涯と神学とをこの第3講と次の第4講とで取り上げてみたいと思います。その後でもうひとりの重要な神学者エルンスト・トレルチを取り上げます。

一九〇四年、ベルリンの教会史家アドルフ・フォン・ハルナックは二巻からなる『講演・講話集』を上梓しました。それは、ただちにプロテスタントの間で多くの読者を得ることになりました。さらに続く第三巻においてハルナックは、いろいろな場所で行った講義やエッセイを付け加えました。これはハルナックの死の年、一九三〇年に彼の子供であるアレックス・ハルナックが編纂したものです。

ハルナックは世紀の変わり目における もっとも影響力のある神学者でしたが、この『講演・講話集』はハルナックの三千編にのぼる専門学術論文とは違って、一般人に向けて書いたものであり、独自の主張と重みとを兼ね備えた文芸的な作品ともなっています。ハルナックはここで、文化を宗教から分析し、また複雑な問題を簡潔かつ分かりやすく説いて、学者政治家としての一面を明らかにしています。この文化的なプロテスタントは、一九〇〇年頃の文化を悲観的に解釈することはありませんでした。悲観論者は近代の個人主義を患っているのだと主張し、倫理的相対主義を嘆き、価値の無政府主義化、社会が多元化しつつある混乱状態を悲しんでいたのです。ハルナックは明快に、喜ばしい知らせについて説きました。ナザレのイエスを信じる者は、世界でもっとも重要な信頼を得ることができるのであるし、進歩の時代に疲れ果てた近代人に確固とした方向性を与えると説いたのです。彼はこのイエスに対する基本的な信仰を、その神学、教会論、学問的＝組織的活動、政治活動の中心においていたのです。

まずはじめに、アドルフ・フォン・ハルナックの生涯から、その決定的な段階のいくつかを見ることにしましょう。

アドルフ・フォン・ハルナックはバルト海出のドイツ人です。生まれはドルパトで、これは今日ではエストニア共和国のタルトゥで、一八五一年五月一七日が彼の誕生日です。父はテオドシウス・ハルナック、母はマリア、旧姓エーヴェルスです。母はドルパトの法学者グスタフ・エーヴェルスの娘で、この母方を通じて、リボニア（それはバルト海東岸の地域の旧称で、一九一八年からラトビア共和国およびエストニア共和国の一部となっていました）の貴族の世界と結び付きがあります。テオドシウス・ハルナックは、当時の主要なルター研究者のひとりと見なされておりました。若きアドルフとその兄弟姉妹は、宗教的には教養のあるルター派の敬虔主義の世界、政治的にはプロイセンとの深い感情的結び付きの世界に育ちました。ドルパト大学のドイツ語を話す学者の多くと同じように、ハルナック一家は決してロシア人に屈しませんでした。ただ、アドルフとその兄弟姉妹は幼いころからロシア語を話すことができて、ロシア文化に精通していました。バルト海諸国の激越なロシア化が、その後に行った教会史研究において、正教会の形態としてのキリスト教に関しての判断のいくつかに決定的な影響を与えたかもしれません。

ハルナックは神学の勉強を一八六九年にドルパト大学で始めました。一八七〇年には、有名なマルキオンについての研究論文で、学術奨励賞をとっています。このマルキオンのいう「知られざる神」という考えにハルナックは一生、興味を持ち続けました。正義の支配者ではあるが慈悲なき支配者、これを克服したのが愛の神であるというのがハルナックの考え方でした。そしてこれが生涯にわたるハルナックの宗教的見方の中心的な基準になったのでした。一八七二年、ハルナックはライプチッヒの神学部に移ります。そこは当時、保守主義のルター派の牙城でした。一八七三年、ハルナックはここで博士論文を完成します。グノーシスの源流に関する批判的研究でした。若干二三歳で彼は教授資格を与えられたのです。彼はゲッティンゲンの国民的リベラリズムの文化的ルター主義者アルブレヒト・リッチュルの著作を読んで、教条的な新ルター派からの内的離脱を強めます。それは彼が教会の教義の歴史を学問的に研究したことによって起こったことでもありました。ライプチッヒでいわゆる員外教授となったハルナックは、プロテスタント文化についての構想を提示するようになります。それは研究・教育の自由（もちろんそこには神学研究の自由も含まれていました）に基づいていたと同時に、自由で個人主義的な国家と国民に対する責任、反対者に対する寛容、そして真にキリスト教を生きればその精神はすべての文化領域に行き渡るとの希望に基づいていました。教会には神学が不可欠であるという点についても、彼は強硬でした。「プロテスタント神学とは、福音書の喜ばしい観察という意味でキリスト教の研究であり、宗教改革によるその再生という意味でのキリスト教の研究である。このような理由によって神学は、プロテスタント教会の知的良心である」と述べています。

ハルナックは教育に情熱を傾けました。神学部以外の学部からも多大の尊敬を彼の講義が集めた理由は、まずもってその厳密な客観性の故でした。その講義はいつもよく準備されたものでしたが、即興的に話をし、ほとんどノートにも頼らないというものでした。また彼は演習では学生からも多くを期待し、教父のテキストについて文献学的に念入りな検証をした論文を要求しました。彼に対して反対の意見を持つ者も、多大なる自由を与えられたとして、彼を称賛しています。こうした高い学問的基準の結果として、多くの才能ある学生を魅了し、やがて大勢のハルナック信奉者があらわれます。この若きライプチッヒの講師を取り囲む学生、後には友人がひとつのサークルを形成し、これが神学と教会史研究の分野で大きな影響力を発揮するようになります。フリードリッヒ・ローフス、マルティン・ラーデ、ヴィルヘルム・レーデ、エミール・ショイラーがこのサークルの中心になり、ハルナックはさらに無数の葉書や手紙を書いて、このサークルを拡大して行きました。一八七六年、ハルナックとショイラーは『神学書評雑誌』(Theologische Literaturzeitung)という新しい神学雑誌を発行し、ハルナックが一八八一年にはその編集長に就任します。短期間のうちにこの雑誌はドイツ・プロテスタントの書評誌としてはもっとも代表的なものになりました。一八八六年には、ライプチッヒ時代の彼の学生たち(中心はマルティン・ラーデで、彼は教会でも神学でも政治的に活動した有能な神学者でした)が雑誌『キリスト教世界』を創刊しました。近代派のルター主義者を中心にジャーナリズムの精神と結び付いた雑誌となり、教会内の二分された公共生活についての考え方に大きな影響を与えました。雑誌『キリスト教世界』はやがて、ドイツ・プロテスタンティズムの最高の宗教・文化的ジャーナルと見なされるようになりました。ハルナックはここに無数の論文を寄稿しました。この『キリスト教世界』の読者サークルの中での多様な接触のおかげでさらに多くの友人を得て、いわゆる一八九二年以降の「使徒信条論争」やその他の教会政治的な対立等においても、彼らが公的に必ず支持してくれると彼は確信することができたのです。

一八七九年、ハルナックはギーセンで教会史の教授職に指名され、さらに一八八六年にはマグデブルグに移りました。ギーセン滞在中は三巻からなる『教理史読本』の執筆にもっとも力を入れました。最初の二巻はそれぞれ一八八六年と一八八七年に出版され、彼は突如有名になりました。ハルナックは、教義史家として、教義の研究のためには、厳密に歴史主義的な理解が必要だと考えました。彼は明快かつ簡潔な文章でもって、初期の教会の教義について、批判的な立場をとりました。これは確かに歴史的には説明可能ではあるが、同時に、これを従来の福音の致命的なギリシア化だったとの理由で、宗教的・歴史的に拒否したのです。「イエスの福音」こそが、彼が教会の教義の形成と発展の歴史を評価し、それを伝える上での規範的基準になりました。確かに教義史家の義務として純粋に歴史的でなくてはならないと何度も強調していますし、保守派の神学者が職制や教義の制度的強化を目的として教義史を道具として利用しようとしているのに対して、彼は歴史主義的な立場から批判を浴びせています。ただ、ハルナック自身にも神学上のプログラムはありました。彼の目から見ると、キリスト教信仰の個々の形態と他のキリスト教徒に対しては、開かれた心で接することがキリスト教の本質でありました。教会の教え、教会の制度というのは、ただ単に外にある、歴史的にも変化し得る「枠」であって、その「枠」の中にこそ宗教の永遠の核がある、そしてその核は個人の信者に対して顕れる、というように彼は考えたのです。過去の教義の歴史的相対性を説いたとしても、それがキリスト教信仰の脅威になるとは彼はまったく考えませんでした。逆に彼は、伝統的な教会の教義を歴史的・批判的に分析することによって、宗教的個人が自由にその信仰を実践できる道、近代にふさわしい道を追求しようと考えたのです。批判的歴史研究は確固とした方向性を生み、そして、人類文化の無限の発達のための、永遠に意味のある規範を明らかにするのを手助けするものだと考えました。教会史家の課題について述べた方法論的な文章の中で、彼は、その第一義的な重要性を制度史の叙述にあてています。ひとつの宗教団体の制度、とりわけローマ・カトリック教会の制度を、固定化した自己理解に基づいて提示することには反対し、制度的秩序がいかに変化し易いものであるかを示そうとしたのです。

『教理史読本』の決定的な近代的性格の故に、ハルナックは保守派グループからはかなりの批判を受けました。プロイセンの教育芸術省が彼を一八八八年に首都ベルリンに呼ぼうとした時、ベルリンのプロテスタント教会はそれを拒否したのです。公開の神学論争まで行って、やっと教会当局の反対を押し切って、辞令が発令されたのでした。ベルリンでハルナックは、教師検定委員にも、ブランデンブルグの教会評議会委員にも任命されませんでした。ただ引き続き、教会の常任委員ではありました。教会の保守派は何とかして彼を論争に引き込もうとし、元来おとなしい性格のハルナックはうんざりしたものです。「文化的な神学者」としては、慎重に事柄を明かして行けばやがては進歩がみられるだろうと望むのでした。彼はまた、狭隘化するプロテスタント陣営の姿にこころを砕き、反近代的な教義学者たちの発言が重視されるようになって行くことを憂慮していました。一九二〇年代になって教会の指導者たちが次々とデモクラティックな共和国から距離をおくようになると、ハルナックは、こういう教会指導者の学習能力に何度も失望を表明しています。旧友ラーデへの手紙を見ると、じょじょに彼があきらめの境地に入っていったことが分かります。逆にカトリックの司教たちが政治的にはるかに長けていたことを、彼は何度も讃えています。「ドイツ福音主義教会協議会」で公国の没収に反対した投票がなされた時には、ハルナックはこう書いています。「この件についてカトリシズムがいかに賢明にふるまったことか。われわれの教会は瓦解状態です」。

ハルナックは三七歳にしてベルリンでの地位に就きました。そして急速に、ベルリン大学でもっとも影響力のある教授のひとりになりました。彼を特に応援したのは、プロイセン教育芸術省の近代化に力を発揮したフリードリッヒ・アルトゥーフ、それにリベラル派の歴史家テオドール・モムゼンでした。ハルナックの学問的・政治的活動は、その神学と関係があり、その実践的かつヒューマニスティックなキリスト教に規範的基盤がありました。ライプチッヒの教会史家でハルナック研究のドイツにおける第一人者であるクルト・ノーヴァク、またドイツ語と日本語でハルナックについての研究を精力的に進めている日本の深井智朗も、ここ数年における研究の成果の中で、ハルナックの文化的神学とその教育政策、宗教性、歴史研究の間には多様な相互関係があることを明らかにしています。

一八九〇年、ハルナックはプロイセンの芸術科学アカデミーの会員に任命されました。大学やアカデミーでの多くの職責に加えて、一九〇五年にはベルリンの王立図書館長になり、続いて一九一一年にはカイザー・ヴィルヘルム学術振興財団（今日のマックス・プランク研究所）の初代理事長に就任します。これだけでなくハルナックは、短期間ですが集中的に、皇帝の顧問を勤めたのです。皇帝とはその宗教観は違っていましたが、教皇はハルナックを、キリスト教を離れてしまった教養市民層の一部を再びプロテスタント教会に引き戻すために、神が遣わした道具だとみていました。こうした職責のすべてにおいて、ハルナックはその影響力と権力を十全に承知のうえで、敬虔で心の広いキリスト教徒として、その職務を全うしました。この「文化神学者」は、その子供のような神への信頼を、高度に効率的な学問政治の中で具現化したのです。この結果、国際的にも彼は「ドイツの知的・精神的生活の偉大なる貴人」と評価されるようになりました。

ハルナックは、自分の信仰は「純真かつ無邪気なもの」だと言うのが好きでした。こう語ることによって彼は、有限の世界との関わりをその神への精神的献身から除外したのでしょう。そして、道徳的な世界の基準へのより優位な自由について述べていたのでしょう。福音書と同時に彼は、アウグスティヌスの『告白』を重視し、またゲーテの著作も、同じように宗教的な献身の証であるとして評価していました。ゲーテの作品について彼は、ここには、いかにして人間が世界の足かせを投げ捨てて、神の自由と神への献身の力を提示し得るかが示されている、述べています。

ハルナックがドイツの学界のもっとも重要な代表者にまで短期間になり得たことについての、もっとも重要な要因は、テオドール・モムゼンとの出会いでした。モムゼンはハルナックよりも三四歳も年上ですが、この大家とベルリン着任後、すぐに知り合いになっています。モムゼン自身、プロテスタントの教区牧師の家に育ち、それが一種のトラウマになっていましたし、神学者はみな心の狭い無知無学の輩と思っていましたから、初めのうちあまりハルナックに近づかなかったのですが、この若き教会史家の史料編纂能力ととてつもない組織・行政における才能に気づきはじめたのです。一八九二年からはモムゼンがハルナックのことを「尊敬する友人」と呼ぶようになります。モムゼンはハルナックの実力を知って、ハルナックをアカデミーの要職につけます。共同で、ニケア教会会議以前のギリシア教父たちについての研究企画を立ち上げ、モムゼンが編集責任者になり、神学面からの仕事としては、初期キリスト教の文献からエウセビオスまでの歴史を扱った四巻本、『エウセビオスまでの古代キリスト教の文献の歴史』（一八九三年から一九〇四年にかけて出版）を企画しました。モムゼンは、この教父研究の出版に喜んで協力しました。またキリスト教の最初の三世紀間の伝道と発展についてのハルナックの研究書『初期三世紀におけるキリスト教の伝道と伝播』のゲラ刷りに注釈を加える仕事を楽しみました。こうした学問上の協力のほか、学問政治上の共通の目的のために、両者はいくつかの運動をしています。モムゼンはハルナックに、歴史・文化研究におけるドイツの優位の保証を見、野心的に学際的な編纂事業を行うことの中に、その証明を見たのでした。

モムゼンとハルナックは協力して、これらの編纂事業のために国や民間支援者から資金を引き出しました。無私の協力者を無数、仲間に引き入れたり、若い学者の面倒をみて、細かい文献学的研究を行わせることで、その適正を見るための戦略を立てたりしました。ハルナックはモムゼンの禁欲的なエートスに魅了され、彼の大学院生・助手などへの細かい指導や彼の大規模な歴史学の事業計画を自らの研究活動のための模範としました。逆にモムゼンは、ハルナックが断固としてプロテスタント神学を作り替えて、純粋に歴史学的なキリスト教研究にしようとしている姿に心を打たれたのでした。

二人ともなんとか時間を作り、受け取った手紙は二日以内に返事を出し、重要な新刊には朝、ベッドの中にいるうちに目を通し、すばやく書評を書き上げることで、その後の評価にも彼らの影響力を保持しようと駆使したのでした。実証主義的な研究の専門家として、二人とも文献学および人物研究には力を入れていました。同時に大量の新しい研究成果を、輝けるような文章で提示しようとしました。細部にまでこだわりつつ、野心的な大きな絵を描いたのです。ハルナックはモムゼンにこう書いています。「王は、王道にしたがってものごとをなし遂げようとしたならば、自分で自分の賄いまでしなくてはならない」と。ハルナックにとってこの禁欲的エートスはやがて、間違いようもないような仕方で彼の宗教的特性を形成することになりました。モムゼンのベルリン大学就任五〇周年記念の席で、ハルナックは次のように述べています。「あなたはわたくしどもに、働くことを教えて下さいました。しかしそれは文字通りの意味と、より高度な意味においてです。あなたはわたくしどもに、仕事を通して生活を改善することを、そして必要なら、仕事を通して闘うことを、教えてくださいました」。

一八九六年、ハルナックはベルリン・アカデミーの創設二百年祭に向けて、その歴史を書くことを求められました。原稿は、遅れることなく、一八九九年五月に届けられました。一九〇〇年の記念式典では、皇帝の臨席のもと、世界から集まった出席者を前に開会講演をしました。歴史研究を、現在を形成する規範にまですることは、彼の文化的・理想主義的信条に沿ったものでした。こうして神学者であり、アカデミーの歴史学者であったハルナックは、この時代のドイツの学問的・政治的目標を定めることができたのです。フリードリッヒ・アルトホーフとの密接な関係と皇帝への距離の近さから、彼はその多くの計画を実現にまでもっていくことができたのです。

世紀の変わり目になるとハルナックは、その一般的政治力をかなり増強することができました。カイザー・ヴィルヘルム学術振興財団の理事長として、彼は権力者に対して社会的・政治的問題について、学問的省察に基づいて、どちらにも偏らずに、助言をしようとしました。ハルナックは政党には加入したことがありません。議員になることも考えもしませんでした。政党政治に参加するよりは、中立的立場から共通の利益のためになることをするのが彼の目標でした。彼の政治的役割は、学者と政治家との仲介役を演じたことにありました。政府や行政府のトップと協力をする、政党政治は不偏不党、一般的コンセンサスを見つける、というところでしょう。学問の自由にとってはいわゆる国家から脅威を受けるというより、政党や政治団体からの政治的圧力の方が危険だと彼は思っていました。彼の、中立ということになっている学問的政治は、いわゆる文化的なプロテスタンティズムの理想に沿ったものでした。つまり、個人として市民の自由と、国家の公的利益とは、学問的に立証できる文化的価値によってその間の緊張を解消できる、というものでした。しかしながら、現実には彼は、ドイツという文化国家を特殊プロテスタント的な価値と結び付けていました。ここに彼の限界があると同時に、プロテスタント的な文化価値を準立憲・権威主義君主制と統合させるという魅力もありました。

一九〇〇年と一九一四年の間、ハルナックは多様な組織とかかわって、精力的にヨーロッパ諸国が帝国主義政策をとっているのを克服しようとして、それらの組織の間で交流したり、国際条約を結び、また平和的な紛争管理の制度の確立のための交渉をしようとしていました。ドイツとアメリカとの学術交流を担当し、イギリスとドイツの「教会人」がそれぞれベルリンとロンドンを訪問するように動いたりしました。イギリスと北アメリカとの接触、それに留学生との交流は、世界中の学問の世界に彼の神学を知らしめることになりました。ハルナックのもとで研鑽を積んだ多くの若いアメリカ人、イギリス人、北欧人が、それぞれの祖国で成功します。彼が一般的な雑誌などに文章を書きますと、すぐにいくつかの言語に翻訳されました。そこで彼は、キリスト教の超国家的性格を強調し、これがヨーロッパ共通（アメリカを含んで）の文化的アイデンティティの基盤となり得る、世界の交流をじょじょに人間化する共通項となり得ると考えました。

それ故に第一次大戦の勃発は彼の目からは破局でありました。他の参戦国の学者と同様、彼はこの辛い「精神的な戦争」に参与しました。ドイツの大多数の知識人と同じく、戦争はドイツに押しつけられたものとの前提にたち、この戦争は帝国の存続のために必要なものと考えました。彼はイギリス人に深く失望しました。それまで彼は、古くからのイギリスの政治制度、政治文化を高く評価していたのです。スウェーデン、スイスなどの中立国の友人や同僚の助けを借りて、一九一四年秋以降、アメリカをドイツの味方にしよう、あるいは最低限、中立維持にまでもって行こうと、いくつかの政治的な試みをしました。潜水艦への攻撃は彼からみれば政治的愚挙でした。アメリカが西欧諸国の側について参戦する口実を与えるだけだったからです。彼はアメリカの対独参戦宣言を防げなかったことをひどく悲しみ、個人的な敗北だと見ていました。後になって戦時の神学者ということで、一九一四年に皇帝に代わってドイツ人に訴え、「一九一四年の理念」に宗教的観点から正統性を賦与した人物だと見なすことは、この戦争に対するハルナックの複雑な思いを十分には表現してはいません。

一学者としてハルナックは、その祖国に対する責任を深く感じていました。しかし同時に、この戦争がヨーロッパ文化に対して持つ壊滅的打撃をはっきり見て取っていました。その結果、ドイツの軍事目的については現実的制約を設けるよう、はっきり発言し、一九一四年の春の段階からすでに、少なくとも敵国一国と和平を結び、これで他の前線においてより効果的に戦うことによって早期終戦に持ち込むべきだと言っていました。彼はバルト海諸国の政治的エリートをそれほど信用はしていませんでしたが、特にロシアがもっとも妥協に熱心だということで評価していました。一九一五年以降、彼は「汎ドイツ連盟」と戦いました。そのもっとも重要な学者の代表者はベルリンの神学部の同僚、ラインホールド・ゼーベルグでした。しかしハルナックは、併合一般に反対だったのではありません。原則としては独立国の併合を批判しましたが、特殊状況には応じる用意があり、バルト海諸国を保護国とすることは認めていました。名誉ある和平の名のもと、ベルギーとフランスの占領地帯からの即時撤退を呼びかけました。全体として彼は、穏健にことを収めるべきであると訴えました。一九一四年から一九一八年にかけての手紙をみると、その多くに、参戦国すべてが、現実的に物事を判断し、自ら反省することによって大虐殺に終わりが来るのではないかという希望を持ったが、それが何度も挫かれたことが書かれています。ただ、マルティン・ラーデや他の友人宛の手紙からは、彼の政治情報にも限界があったことが明らかになっています。ハルナックのように政治家と常に連絡をとっていた人物にして、急激な変化を伴っていた軍事情勢には精通し得なかったのです。たとえば、ハルナックは一九一五年の夏の段階で、和平に合意がなされ、遅くとも翌年の末までには戦争は終わると確信していたのでした。

一九一五年以降、ハルナックは政治制度の改革について、穏健だが広範な改革を唱えます。そして、立憲君主制の枠組みの中でデモクラティックな参加を強化するよう、訴えます。一九一六年四月に初めてベートマン・ホルヴェーグに会うと、トレルチなどの友人や同僚に対して、適切な場所に発表先をもとめて、この宰相を右翼の攻撃から守ってくれるよう依頼し、さらに社会民主党が長期にわたって排除されているのに鑑みて、改革を求める論陣を張るよう、頼んでいます。ドイツの敗戦、一九一八／一九年の革命の後は、ハルナックは新しい議会創設に賛成し、デモクラティックな共和国の理念に賛成しています。ただ、他の文化的なプロテスタントの神学者、たとえばマルティン・ラーデ、ヴィルヘルム・ブセット、ルードルフ・オットー、オットー・バウムガルテン、それにエルンスト・トレルチなどとは違って、ハルナックはこの時も政党には決して入りませんでした。したがって彼は、議会での活躍の場は持ちませんでした。あくまで、自らの考える学者としての役割に徹したのです。主として政府に助言をし、学会という制度にすべてを賭けたわけです。多数の講義や講演の他、大学、アカデミー、国立図書館、カイザー・ヴィルヘルム学術振興財団などの激務をこなす中、さらにハルナックは、ドイツ学術会議 Notgemeinschaft der Deutschen Wisssenschaft（今日の Deutsche Forschungsgemeinschaft, DFG の前進）の創設に加わりました。一九一九年になると、彼は政府のコミッショナーとして、教会・教育関係者を代表してワイマール憲法会議にも参加しています。

ワイマールの教会プロテスタンティズムがデモクラシーを受け入れられなかったことが、理性による共和制を信念や信条的確信による共和制に変えてしまいました。国民的プロテスタント右翼による攻撃（これは有害でした）にもかかわらずハルナックは、反ユダヤ主義に反対して闘い、共和国のために、一九二五年の大統領選挙ではヒンデンブルグではなく、驚くべきことにカトリック中央党のヴィルヘルム・マルクスを支持したのです。

彼は弁証法神学の登場、その他の反リベラリズムの神学の登場には非常に批判的でした。彼らの反歴史主義的思考方法と啓示実定主義を、ヒューマニスティックなキリスト教文化の基本的価値を脅かすこの時代に流行した文化の非合理的批判の単なる神学版だと見なしたのです。カール・バルトに反対して、啓示についての新しい神学は学問的神学と大学での研究との相互関係を危険にさらすものだと述べ、結局それは神学者を孤立化させるとも論じました。しばしば忘れられてきたことですが、深井智朗が指摘しているように、*ハルナックはこの時代にパウル・ティリッヒが文化についてのポスト・リベラリズム的な対応をしようとしたときに、これでやっと、現在を理性的に診断でき、キリスト教の基本的洞察を新しい言語形態で伝えられるような神学が現れたと見たのでした。そのことを知らずして、ティリッヒが書いたいくつかののハルナック論の意味は理解できません。にもかかわらず彼は、反歴史主義的な二〇年代の神学には一貫して厳しい批判を続けました。ハルナックは若い保守派の新ルター派（たとえばフリードリッヒ・ゴーガルテンやエマヌエル・ヒルシュなど）を恐れ、気にしていました。そのことは彼の晩年に行なわれたボン大学での講演をまとめた『キリスト教神学と教会教義の発生』を読むとわかります。彼の見方からすると、その立論は「新しい中世」に逆戻りすることにしかならないからでした。ハルナックはまた、多くの若くて反リベラリズムの神学者が、反共和国の政治的右翼のネットワークに加わっているのを糾弾しています。

ハルナック最後の数年の発言のいくつかは、このような対立の故に正しく理解されていませんし、その解釈に大きな混乱が見られます。ハルナックから見ると、プロテスタント教会は政治的反動勢力にだんだんと影響されつつあるにもかかわらず、新世代の神学者は近代の多元主義文化に対する嫌悪にばかり目を向けているように見えたのです。もっとも困難な条件の下、極端なまでの禁欲主義をもって、心を開いた宗教性を生きようとしたリベラルな「文化神学者」にとっては、一九二〇年代のプロテスタントの反近代的な方向性は、「読み終った本」にしか見えなかったのかもしれません。アドルフ・フォン・ハルナックは一九三〇年六月一〇日に、カイザー・ヴィルヘルム学術振興財団の理事長としてハイデルベルグへの旅行中、かの地で客死しました。彼がプロテスタント神学内部からだけではなく、外部からもいかに尊敬を集めていたかは、ユダヤ神学大学を代表してレオ・ベックがアマリエ夫人に送ったお悔やみの手紙の中に表れています。「われわれもまた、彼のことを本当の意味で先生と呼ぶことができます」。

＊　Tomoaki Fukai, Harnack und seine Zeit, Marburg 2004, 53ff.

第4講　ハルナック神学の今日における意義

次にこの第4講では、ハルナックの神学の今日的な意義について述べたいと思います。この部分はごく簡潔に述べることになります。ハルナックの方法論は、キリスト教の、永遠に意味をもつ内容を顕現させることを目的として、伝統を批判的に歴史化すること、と定義することが出来ます。この意味では、彼の歴史主義には規範的な神学上の前提がありました。目的は、教会的伝統を歴史的・批判的に分析して、教会の教義にへつらうことなく、イエスの純粋な福音を明らかにすることでした。もちろん、イエスの生涯を完全に再現して書くことは不可能です。しかし彼の無数の論文を読むと、そこには、新約聖書のテクストからイエスに遡る説教を確定することができるという前提が見て取れます。ハルナックはイエスのことを、ユダヤの民の豊かで深い宗教倫理を新しいレベルにまで高めた一ユダヤ人だと見ていました。イエスの福音は、内容的には何も新しいものはもたらさなかった。しかし、ユダヤの伝統の倫理的一神教の人格主義を真摯に、明快に、回復した、と彼は論じます。

彼のもっとも有名な著書『キリスト教の本質』でハルナックはイエスの宗教的使信の永遠の核を次

の三点に要約しています。「第一に、神の国の彼における到来、第二に、父なる神と人間の魂の無限の価値、第三に、より高い正義と愛の戒め」です。彼は、この三点のひとつひとつがイエスの教えを全体として示せると信じていました。しかしながらハルナック自身は「人間の魂の無限の価値」（神なる父の愛に基づいている）をまずもって解明しようとしました。イエスをただ単に宗教的使信の代表者として見るだけではなく、さらに重要なこととして、イエスの中に模範的な宗教的人格を見ていました。真実で純粋な宗教性（神への忠誠、人間の愛、神の国の望み）はイエスにおいて完璧かつ絶対的形態として発見された、と彼は言います。その『教義史教本』においてハルナックはこれを、今や古典とされている表現にまでまとめました。「イエスは新しい教義は提示しなかった。しかしイエスは、……その人格における神とともに有る、あるいは神の前における聖なる生涯を見せてくれた」と。「宗教史学派」の神学者などとの論争でハルナックは、キリスト教はいくつかある宗教の中のひとつなのではなくて、宗教そのものなのだという挑戦的な理論を支持しました。しかも、そのイエス認識に基づいて、キリスト教のプロテスタント的形態は宗教の、知られる限り、もっとも高い表現であると主張するところにまで彼は行き着いたのでした。これは、プロテスタンティズムが、宗教改革によって宗教それ自体の源まで遡ったおかげで、教会実定主義へのコミットメントを相対化したからであり、そしてそれは自分でものを考えることのできる、責任あるキリスト教的個人主義を優位に立たせたためなのだとハルナックは言います。プロテスタンティズムは歴史的にもっとも成熟したキリスト教の形である、なぜならば、ここでは神の子の自由なる個性が認められ、キリストの教会という組織の原則がもっとも豊かな仕方で意味をもっているからだ、とハルナックは言うのです。

一九七〇年代以降、ドイツ語圏のプロテスタント神学界では、いわゆる「文化プロテスタンティズム」に新しい関心が興っていることが見て取れます。いや、ハルナックその人自身が解釈の対象になっています。マルティン・ラーデやテオドール・モムゼン等との膨大な手紙のやり取りが、立派な書物として出版されています。一九六六年にクルト・ノーヴァクが、本論文の冒頭で挙げた著作から多くを取り上げてそのアンソロジーを出版していますし、トルッツ・レントルフがハルナックのもっとも有名な著作である『キリスト教の本質』の新しい注釈入りの版を出しました。さらに若い学者たちが、ベルリンにある未刊のテキストを調査するという大変な作業に取りかかっていますし、各地の資料館にかなりの書簡があることを発見しました。また日本の深井智朗がハルナックを作家であり明治政府の官吏であった森鷗外がどのように理解していたのかを紹介してくれましたし、弁証法神学者たちとハルナックとの関係を「バルトによって消された神学者」として解明しています。さらにカイザー・ヴィルヘルム学術振興財団、ドイツ学術会議の歴史が研究され、また福音主義社会協議会についての研究を見ると、ハルナックはその学術的・行政的および学術的・政治的責任をしっかりと、しかも非凡なる政治的手腕でもってこなしていることが分かってきております。

若い概念史の専門家、神学者が、ハルナックの宗教的な思考の歴史主義に対する具体的な貢献を、一九〇〇年当時の歴史学・文化研究の中で確定しようという作業を行っております。今のところ、注目すべき研究としては次のような見解が提示されています。ヴィルヘルム・ディルタイなどの文化史研究者たちは、全ての伝統の歴史化から派生する諸問題は倫理的に破壊的な結果をもたらしたと言うのです。確かにディルタイは、歴史的思考が「価値の無政府状態」をもたらしたと考えていました。文化的諸伝統の歴史性と歴史的相対性が明るみに出ると、われわれはもはや一般的規範の意味について語ることはできなくなります。このため、長い間にわたって培われてきた文化的価値や道徳的規範が破壊されてしまうのは、歴史的思考のためだとされてしまうのです。これとは対照的にハルナックは、歴史的研究によって、それぞれの歴史的決定物を越えた何かを指し示す規範の源を発見できるような、宗教的に限定された歴史主義の概念を支持したのです。歴史家の仕事は何を置いても、歴史の偉大な宗教的人物を思い起こして、彼らの宗教的倫理的使信が今の世代に意味を持つようにすることだと彼は信じていたのです。「理性と良心が歴史の相対的判断を……絶対的主観的立場に転換し、自分自身の確信の明快さと力強さを通してこれらを前に押し出す」のだとハルナックは述べています。純粋宗教の原型であるイエスは、歴史的なるものの相対性を越えて、人間の魂の無限の価値という逆説的使信を生きようとする今日の再生産的宗教的天才であると彼は言うのです。

ハルナック研究の最近の豊かな成果は、文化研究の専門家が歴史的に決定し得るものに対して敏感になっていることの、あるいはまたその分野がどのような文化的背景をもって生まれたかということに対して敏感になっていることの表れだとも解釈することができます。さらに、ハルナックに対する新しい関心は、規範的な意図によって規定されています。古くからの教会組織が危機にあり、全キリスト教的対話が矛盾した状態にあることに鑑みると、ハルナックが「キリスト教の本質」について集中したことは、教会で語り伝えられてきた教義を越えたキリスト教的な主体性を強めることを助けるのではないかと見られています。また、キリスト教のもつ文化的形成力はハルナックの概念を用いて再定義されるべきだと考えられています。

今日の世界に対して特に意味があると考えるハルナックの神学プログラムとして、次の三点を挙げたいと思います。

まず第一に、カトリシズムとプロテスタンティズムとの宗派的対立についてはハルナックは次のことを重視していました。それは、全キリスト教という考え方やその理解のためには古い教義に基づいてはそれを得ることはできないということでした。つまり生ける宗教を通してしか得られないということです。ハルナックは、それはカトリシズムの内的かつ宗教的・文化的近代化を通して、また、あまりにも柔軟性を失ってしまったプロテスタンティズムの脱教義化を通してのみ可能である、と考えたのです。古くからの宗派間の敵対意識は、カトリックがプロテスタントの宗教的体験から学ぶ意志があり、またその逆も行われる時にはじめて、克服可能だとハルナックは述べています。責任感のあるキリスト者は新しい精神的共同体、教会を超えて、一人一人の個人がキリスト教の本質と結び付くことによって、新しい共同体に集まることをハルナックは期待していました。そしてこれが起これば、それは必然的に、制度の面にも新しい何かが表れてくると信じていました。

聖職者が宗派のテキストを再解釈するような運動をするのは逆効果だと思っていました。なぜなら、古い信仰を教会が再定義したものでは、プロテスタントであろうがローマ・カトリックであろうが、宗教的諸文化の発展を十全には評価できない、と彼は考えたからです。つまり彼は、昔からある諸伝統についての相互理解は、聖職者の制度に関して、近代のキリスト者がより客観的な認識をしてこそ初めて可能になると考えたわけです。しかもハルナックは、古い宗派的なテキストに関する一致した討論をそれぞれの教会内で教会の指導者たちが行うということになれば、それはただ単に愚かな神学的・政治的争いを巻き起こすだけで、内部対立を激化させるだけだと考えたのです。特にプロテスタント教会ではそうだ、と考えていました。彼は全キリスト教的な対話を、全ての教会で育ってきた宗教的諸文化の現実の多元性に向かう対話を待ち望んでいました。同時に彼は、カトリシズムの聖職者の形態を、イエスの純粋なる宗教を非人間的にねじ曲げたものだとして批判しています。「制度としてのローマ・カトリック教会、法律と権威の国としてのローマ・カトリックは福音とは何の関係もない。実はこれは後者と根本的に矛盾関係にある」と彼は述べています。ハルナックはカトリックが「権威者」に深い敬意を表すのを糾弾しています。いわゆる「世俗」を軽んじることが暗に意味されているからだ、と言います。それ故に、プロテスタントの神学者で、そのカトリック的傾向の故に、またプロテスタント教会で強力な聖職者階級にあこがれるが故に、監督制の法制度化を強引に進めようとする者を蔑視しています。それはプロテスタント的な自由という基本原則を放棄しようとしていると見たのです。結局、彼の全キリスト教的運動の概念は、「単なる宗派主義」を相対化して、すべての教会におけるキリスト教徒の責任を強化しようとしたものだ、ということがわかります。

第二の点についてです。多くのヨーロッパの教会では、プロテスタンティズムと文化との関連についての議論が始まっています。一方で、こうした議論はいわゆる「文化プロテスタンティズム」という論争的概念に関連した問いに新しい関心が向いていることを示しています。これまではこのことはカール・バルトの影響下でタブー視されていました。他方、この議論に対するいろんな妥協や貢献を見ると、神学と文化とを基本的に分離しようという感情的な要求を見出します。これはしかし奇妙に底の浅い要求のように思えます。もちろん、宗教上の信仰は「文化」とは基本的に違うことを指摘して何の問題もありませんし、同様に、その他の文化の諸領域も重要である、ということはその通りです。しかしこのような終末論的公式が何の役に立つのでしょうか。一九世紀の「文化的な神学者」はだれも、宗教と文化との基本的差異、「信仰」と「世界」との差異を否定しませんでした。それどころか、キリスト教の文化適応可能性をまさにこの差異に基づいて高めようとしました。この時代、ハルナックやオットー・バウムガテン、マルティン・ラーデ、エルンスト・トレルチなどのリベラリズムのプロテスタント神学者は次のような基本的洞察によって導かれていました。つまり、キリスト教の持つ文化形成力は一義的に教会にあったのではなく、キリスト者にあったということです。日々の生活においてその信仰を生きているキリスト者が、ハルナックにとってはキリスト教諸文化の決定的媒介者でした。キリスト者の世俗的職業についての宗教改革の教えに従って、ハルナックは個々のキリスト者の「世界指向の宗教性」を強調しました（これは彼がゲーテから借りた用語です）。このようなキリスト者は自分の責任において与えられた世界を神の世界として感謝して受け取り、それに新しい形を与えるのです。ハルナックは、キリスト教の文化適応を教会の力に依存していると見る文化の概念を拒否しました。これはカトリック的であり、また文化的に現実的な意味で不十分だというのです。彼の目から見ると、プロテスタント教会がもし一般会衆との接触を失えばゼクテになってしまう危険性がありました。ハルナックは信者たちの間における高度の対話を信じ、どの職業の人でも、すべての個人の宗教的主体性を真面目に受け取るように強調しました。従って牧師には、かなり異なった宗教心をもったキリスト者をも理解できることが期待されていました。模範的牧師とは教養をもった宗教への奉仕者で、イエスの基本的な使信を明快に、しかも状況に合わせて伝えることのできる人でした。教区の牧師のもっとも重要な資質とは、教養のある宗教的共同体の形成であるとハルナックは考えていました。

最後に第三です。一九世紀末、二〇世紀の神学者で近代の学問世界にこれほどの影響を与えたひとは他にいません。ハルナックは、最高位の公人として、信仰の倫理的真摯さと禁欲的学問的精神を成功裏に例証できた最後の人です。特に彼は、学問のあり方の制度面を常に近代化するよう、心掛けていましたし、研究所を「大規模な学問的政策立案集団」にするようにし、学者の社会的責任にも深い関心がありました。これに加えて、彼は自分の専門分野の課題の説明責任性を明らかにしようと努力しました。彼はまた、神学の学問としての自由を重視し、教会が学問的な神学に影響力を行使しようとする試みは（たとえば任命権に対する介入があります）学問の合理性を傷つけるものとしてそのすべてを非難しました。神学は大学での研究の一部であることによってこそ教会に仕えられる、もっとも厳密な方法をもってキリスト教の環境を調査し、キリスト教徒の異なった生活を調査することによってこそ教会の役に立てると論じました。しかし神学がキリスト教の歴史研究であるというハルナックの考えは、二〇世紀のドイツ・プロテスタンティズムのほんの少数の人に受け入れられただけでした。

ハルナックの神学に今日的意味があるのは、学問的合理性の基準がその専門分野を規定した知的正直さ、知的一貫性、知的良心の故です。この意味ではハルナックは自分自身を啓蒙主義者として理解していました。厳密な学問的神学のみが、道徳的責任感をもって学問的に発見できる多様な問題を見る上で、他の分野からも支持し得るものだ、と信じていました。ハルナックはプロテスタント神学をただ教会の知的良心と見ただけでなく、学問世界についての倫理的省察の源であるとも見ていました。ただ、このような役割が果たせるのは、神学がそのこと以上に教会の表面的な利益のために使われない時のみです。そのような自由な神学はまた近代科学にも近代社会にも、学問的合理性の限界を忘れないという意味で、役に立ちます。「宗教が、つまり神の愛と隣人の愛が、人生に意味を与えるのだ、これを科学はすることができない」。

どのような意味でアドルフ・フォン・ハルナックの神学が今日にも意味を持ち得るのでしょうか。この問いに答えるにあたって、『キリスト教の本質』についてルードルフ・ブルトマンが五〇年も前に書いた言葉に立ち返りたいと思います。一九五〇年にブルトマンは『キリスト教の本質』の新版を編集し、それに実に適切な「まえがき」を付しました。一方では彼はハルナックの弱点について述べます。ハルナックはイエスの教えの終末論的特徴を見抜けなかったとブルトマンは言い、初期のキリスト教共同体とパウロとが溢れるほどもっていた豊かな終末論的意識に十分に注目しなかったと述べます。それにハルナックが「キリスト教の本質」は帰納法的にしかつかめないという考えは擁護不可能だと批判します。しかしながら、他方、ブルトマンはハルナックの強みも明らかにしています。とりわけ、キリスト教信仰の文化的、歴史的な意味のみならず、その信仰の本質を明快に特徴付けたのがその強みだと言います。「キリスト教信仰は人間のもっとも内的な自己とその存在を世界から区別されたものと見て、世界の一段上に置く」ものだ、という見方です。言い換えれば、信仰によって自己認識の特定の形態が開かれるのです。ここでは人間自身、あるいは一九世紀のリベラル・プロテスタントの神学の用語で言えば「人格」は、世界ともっとも基本的な意味において異なっていると見られ、それぞれの個人は世界全体より上に位置している、ということになります。「人間の魂の無限の価値」、これがハルナックの命題の定式化です。それはそれ以前のリベラリズムの神学から引き出されたものですが、これこそが今日においてもキリスト教信仰の根幹を特徴付けるものであると私は考えています。

第5講　エルンスト・トレルチの神学的プログラム

続く第5講と第6講では、もうひとりの帝政期の重要な神学者であるエルンスト・トレルチの神学的なプログラムを取り扱ってみたいと思います。

一九二三年一月二三日の『ベルリン日報』紙は、病気静養中であったエルンスト・トレルチの回復を伝えています。ところが八日後、編集部はこの報道を訂正せざるを得ませんでした。一九二三年二月一日火曜日の夕刊で、その突然の死を報じたのです。ベルリンのさまざまな新聞がその日の夕刊でさしあたっての死亡記事を出しています。『デア・ターク』紙でもその日の夕刊に、時のドイツ大統領フリードリヒ・エーベルトがトレルチの夫人マルタに寄せた追悼の文章を載せています。これに続いて、数週間にわたり、何百という短い死亡記事、長めの追悼文がヨーロッパ各地や北アメリカで出ています。しかも、親友や神学を学んだかつての弟子たちのみならず、著名なジャーナリスト、政治家、他分野の学者などがこれを書いています。写真までがいくつかのドイツの雑誌、あるいは新聞の週末版に掲載されています。マスメディアによる異様ともいえるこの反応は、この神学者・文化哲学者・学者政治家がいかにドイツにおいても、またドイツ以外の地においてもその学問的影響力が大きかったかをよく示しています。もちろん「偉大なるドイツ人」とか「青年の指導者」、「ドイツの学問を導く光」、「ヘーゲル後の最大のドイツ人哲学者」、さらに「ライプニッツ以後の最大の学者」などという修辞は割り引いて読んでもかまわないのですが、それにしてもこれだけの人が心を込めてこれだけの文章を書いたのは、やはり、いかにトレルチの著書、またその影響力が神学や教会を越えて、はるか二〇世紀初頭のヨーロッパの知的世界、それにドイツ政治に及んでいたのか、ということを現していると言わざるを得ません。トレルチは、規範的意図をもった、文化の歴史神学観を唱えましたが、それは一九〇〇年当時の文化的変容と宗教的転換の過程を熟知したうえで、ドイツ社会内およびヨーロッパ全域における新しい倫理的方向というものを仲裁しようとしていたのです。

一九六〇年代後半以降、エルンスト・トレルチをめぐる論争はますます活発に継続されています。このような形で再びトレルチに注目が集まっているのは、元来イギリスおよび北米の神学者たちがそのきっかけを作ったものです。ジェイムズ・ルーサー・アダムスが言うところの「トレルチ・ルネッサンス」は、ヨーロッパ大陸およびローマ・カトリックの神学者たちの間にまで種々の反応をもたらしました。こうした広い神学的関心に、一九七〇年代になって、文化史家、宗教社会学者、歴史主義の理論家としてのトレルチの研究が加わります。宗教というものが人類史を形成する力として、いかに相対的に独自の地位を認められ得るかという問題をめぐって、トレルチの視点は急速に、歴史・文化科学の分野において、近代の理論的解釈の「古典」と見なされるようになったのです。それは具体的には、世俗の非歴史的・抽象的な社会工学的な議論に対抗して、宗教的精神の持つ永続的形成力というものへの注目でありました。

ゲッティンゲン、ボン、ハイデルベルクで教えたことのあるこの組織神学者は、二〇世紀の初頭においてはプロテスタント神学の中心的人物と見られていました。彼は宗教史的な神学の基盤を作りあげたのでした。彼の宗教史的神学は、他の宗教とは区別されたキリスト教的な伝統の歴史的独自性を建設的に認め、キリスト教の真理の主張を欧米の文化集団に限定しています。倫理の役割を重視しようとして、トレルチは神学を、キリスト教文化の批判的宗教史的な学問へとモデル転換したのです。トレルチは一九〇九／一〇年にはハイデルベルグ大学の神学部で教え、一九一五年四月一日を期して、ベルリン大学哲学部の「宗教、社会、歴史哲学及びキリスト教宗教史」の講座の教授を引き受けていましたが、これらに加えて、彼は哲学史の分野で独自の役割を与えられていました。近代史の研究家は、彼のプロテスタンティズムと近代世界の関係の分析、また彼の「歴史主義」の理論をかなり重視しています。そして最後に、社会学者は「ドイツ社会学会」の共同創設者にその古典的先駆者の地位を与えていますが、近代の宗教社会学の基礎を固めるに当たって、トレルチのもっとも有名な著書『キリスト教の教会とその諸集団の社会教説』（一九一二年）は重要な役割を果たし、この比較的若い学問分野の自己理解に大きな貢献をなしたのです。

これら諸分野のすべてにおいて、近年日本でもトレルチ研究がなされています。トレルチの著作の種々の邦訳がなされ、さらには佐藤真一、安酸敏眞、近藤勝彦といった秀れた研究者たちの著作から、日本でもエルンスト・トレルチがただ単にプロテスタンティズムの神学者としてのみ読まれているのではないことがわかります。マックス・ウェーバーとの友情、あるいはウェーバーとの学問的交流があったことから、最近の日本における研究では、トレルチは文化史家、あるいはキリスト教の近代ヨーロッパの宗教史家、さらに二〇世紀初期の宗教的変遷を分析した学者としても知られるようになってきています。

またエルンスト・トレルチはただ単に学問の世界で講義する学者、あるいはこうした舞台の裏で活動するという人ではありませんでした。偉大な著作を残しただけではなく、無数の論文、百科事典の項目の執筆、時代評論を残し、さらに一九一〇年以降は、多様な政治組織にも関係しました。

確かにエルンスト・トレルチは、帝政期、そしてワイマール共和国初期のもっとも影響力のある学者政治家のひとりでした。とくに第一次世界大戦後のその広い政治家、ジャーナリストとしての活動、そしてワイマール共和国初期の数年間、いくつかの政治的機構に従事したことが、この時代の政治研究においてもトレルチを無視できないものにしたのでした。トレルチは、時のもっとも重要な「リベラルな教養ある共和主義者」(これはガンゴルフ・ヒュービンガーの言葉です)でした。さらに、「ヨーロッパ文化統合」の概念を提唱していましたので、汎ヨーロッパ文化という考え方に向かってドイツを解き放つ上での知的な先駆者としても見なされているのです。ここ二〇年間にわたるトレルチ研究の深化で、彼の神学・文化科学理論と政治観や政治的活動との間の相互関連についても、多くのことが明らかになりました。詳細な研究、その生涯と著作の分析を通して、彼が関心を示した諸問題にも、その解決策にも、高度の連続性があったことが分かってきています。

ベルリンというドイツの首都にある大学の哲学部の教授をしている時でさえ、トレルチはキリスト教的な知識人としての自分の役割（と自分が認識したもの）に忠実でした。キリスト教の伝統の豊富な遺産を活用すべきだと考え、多くの教会的伝統によって包まれ、教義学的な硬い殻に覆われたものの中から根源的な宗教の核となるものを探究したのです。この点を説明するために、まずもってエルンスト・トレルチの生涯を見ておきたいと思います。

エルンスト・トレルチはハウシュテッテンという、アウクスブルク近郊の小さな村に、一八六五年二月一七日に生まれました。父エルンスト・トレルチは医師、母オイゲニー・ケッペルは外科医の娘でした。後になってトレルチはその幼年時代について触れ、それは豊かな文化世界の発見の過程であり、その文化は、おだやかな合理主義的ルター派の信仰のもと、自然と歴史に対する鋭い関心が中心であった、と述べています。アウクスブルクにある聖アンナ・ギムナジウムにおいてトレルチは、集中的な人文主義の教育を受けましたが、彼はその経験を生涯を通して深めようとしました。トレルチはラテン語をよく読み、すばらしいラテン語を書くこともできました。ベルリンでの哲学正教授の時代にも、自ら進んでGraeca（ギリシャ古典の講読）のクラスにも参加していました。大学入学許可試験を終えると、一八八三年から一八八四年まで軍役を勤めながら、アウクスブルクのカトリック系のリセ（当時フランスの教育制度の影響で作られた大学での教育の準備をするための学校で、ドイツでもリセと呼ばれていた）で二学期を学ぶという有能ぶりを示しています。

一八八四年一〇月には、トレルチはエアランゲンでプロテスタントの神学を学びはじめます。ここは、保守派のルター派の牙城でした。この大学でもっとも深い、しかも生涯にわたる影響を受けたのは、グスタフ・クラスで、彼は後期観念論の哲学者で、このクラスがトレルチをヘルマン・ロッツェの著作へと導き、自然に対する精神の自立という考えに目を開かせたのでした。

その後ベルリンで二学期にわたって主としてユリウス・カフタンの組織神学の講義を聞き、ハインリッヒ・フォン・トレイチケの宗教改革の歴史に関する演習に出席しましたが、その後、ゲッティンゲンに移り、アルブレヒト・リチュルのもとで主として研鑽を積むと同時に、パウル・ドゥ・ラガルドの新しいドイツの「国家宗教」の改革のヴィジョンにも興味を引かれます。エアランゲンでの神学研究グループ、さらにはゲッティンゲンのゲルマニアという友愛会に入っていたことから、彼は若い頃同性愛の問題に長く苦しみました。トレルチは禁欲的労働の倫理を身につけることによってこの戦いに打ち勝とうとしました。

一八八八年九月にはじめての神学の試験に合格した後、トレルチは、ミュンヘンの聖マルコ教会で一二カ月の間、牧師補としての研鑽を開始し、その後一八八九年の秋には、博士号を取得すべく、ゲッティンゲン大学に戻りました。ここで彼は、一八九一年二月に、『ヨハン・ゲルハルトとフィリップ・メランヒトンにおける理性と啓示――古プロテスタンティズムにおける歴史についての研究』によって、教会史および教義史を大学で講義するための教授資格を得ました。この論文の論点を見ますと、すでに彼が「宗教史学派」の主導者だということが分かります。この学派は、ゲッティンゲンの若い員外教授たちのグループで、プロテスタンティズムの神学を宗教史の観点から研究し、その最新のアプローチを取り入れることで、この分野を近代的な文化科学へと転換しようとしていた人たちです。彼らは次のように主張したのです。「神学は確かに宗教や歴史の分野だが、普遍的宗教史の一部としてではなく、キリスト教以外の宗教で比較的良く知られているいくつかの宗教との比較において、キリスト教の内実を決定するためのものである」(命題一)。「いわゆる教会史およびキリスト教史は厳密に峻別されるべきである。後者のみが神学と直接的に関係がある」(命題八)、「教義学と倫理学は、倫理学が歴史哲学的分析として理解され、また倫理化の過程を描くものとして理解される限りにおいて、両者を分けて考えることができる」(命題一四)。

こうした命題の中にはすでに、アルブレヒト・リッチュルの学説を決定的に拒絶しているところが見られます。リッチュルは当時、リベラリズムの神学である「文化的プロテスタンティズム」の巨匠でした。リッチュルは新約聖書の釈義、教義学、倫理学、信条学を二五年間にわたって講義して、一八八九年に死にますが、その後も、その弟子（リッチュル主義者と呼ばれていました）を通して多数の神学部の講義内容を規定しておりました。トレルチの博士論文の命題を見ると、彼がリチュルから距離を置こうとしていたこと、特に神学の概念（つまり神学的反省の課題とその自己理解）、および神学の方法論の問題についてもそうだということが分かります。トレルチはリッチュルのことを、教義を通してキリスト教を一般史（つまり宗教史）から切り離そうとする神学、そういう神学の代表者としてとらえていたのです。教義学的な方法によって、リッチュルとリッチュル主義者たちは、近代科学における一般意識と真理概念とを実に根本的な点で矛盾するような神学理解を打ち立てたわけですが、その神学たるや、いわば近代の科学的方法論と無関係なものとして提起されていたのです。これに対してトレルチは、神学を近代の宗教研究および宗教の批判的歴史研究の方向にもって行こうとしたわけです。トレルチのこの点での根本命題は「歴史的な方法論」になります。

ゲッティンゲンにおけるトレルチの友人で聖書釈義を専門としていた者たち、ヨハネス・ヴァイス、ヴィルヘルム・ブセット、ヘルマン・グンケル、ヴィルヘルム・レーデ、アルフレッド・ラールフスに比べて、トレルチ自身はすばやくそのキャリアを確立することになります。そして、一八九二年にすでにボン大学から組織神学の員外教授の職を提供されます。ここで彼は、他の分野で仕事をしていた、彼より若い教養科目の学者たちと緊密な接触を得ることになり、近代における歴史的変化と関連する様々な諸問題に目を開かれることになります。特に、近代資本主義の勃興、教会に対する伝統的忠誠心の衰退、自然科学の勝利の行進、それにいわゆる「精神科学」における歴史的思想の支配などの問題です。宗教を無神論の立場から批判する者に対して、あるいは新しい、実証論的かつ唯物論的歴史理論に対して、トレルチは「宗教の自立性」というものを擁護し、さらにはこれを独自の意識のあり方として、自然・社会のすべての制約要因に対して、われわれの個性についての直観的知識を明らかにするものとして擁護したのです。

トレルチはその秋学期のボンにおける神学部での講義「無神論と唯物論に対するキリスト教信仰の基盤」によって、さらに「啓示の概念について」（この論文は一八九五年九月末から一〇月初めにかけて『キリスト教世界』誌〔それはマルティン・ラーデが編集をするリッチュル学派の重要な機関誌でした〕に掲載されました）という論文によって、彼の友人たちの間に大変な論争を巻き起こしました。その中でトレルチは、近代の「巨大な学問的革命」が神学に対して持つ波及効果を分析しました。もし神学がひとつの科学として、その言葉の真の意味における学問になろうとするのならば、他のすべての諸学問、人間の精神的知的営みである学問とまったく同一の方法論を採らなくてはならない、と言うのが彼の主張でした。トレルチの目には極めて明快に、しかも緊急性をもって、特に近代の物質主義が自然科学の勝利に代表されて勝ち誇る中で、精神生活およびその内容の独自性を擁護することが人文科学の最大の課題であると見えたのです。同時にトレルチは、近代の人間科学が心理学と歴史学の構築によって決定付けられるのではないかと見ていました。「批判的発達史に基づいた心理学的分析と、心理学的基礎に基づいた発達史の批判的研究」、これが彼が『神学的状況について』（一八九八年）で述べた人間科学の方法論のあるべき姿でありました。

神学を厳密な科学・学問的なものによって再構築しようというこの企ては、人間科学の一般方法論によれば、巨大な研究プログラムを必要としました。この若き神学者はそのために、哲学・歴史学・宗教学・民俗学・美術史、さらに経済理論などの最新の学問成果を、大変なエネルギーをもって用いようとしたのです。文献を素早く読んで、その内容を批判的に吸収する、そしてそれを建設的に同化するという彼の才能は、繰り返し、友人・同僚の間で称賛の的となりました。アドルフ・フォン・ハルナックやフリードリッヒ・マイネッケという巨匠たちが、トレルチのことを、これまで会った中でもっとも博識な学者だと褒めあげています。それどころか、イエナの哲学者ルードルフ・オイケンは、ヨーロッパの知識人は、トレルチにライプニッツ以来の最初の普遍的頭脳を目撃した、とまで言っているのです。トレルチの文献消化能力は実際にすごいものでした。一八九〇年代からひとつの例を出すだけで、このことを証明するには十分でしょう。一八九五年のこと、ストラスブルグの新約学者ハインリッヒ・ユリウス・ホルツマンがトレルチに、「宗教哲学と神学的な原理についての教説」という題で、『神学年報』に報告書を寄稿してくれないかと依頼したことがあります。一八九五年から一八九八年の報告をするためにトレルチはなんと千百冊以上の書籍・論文について触れ、短くコメントしなくてはならなかったのです。

一八九四年四月一一日、当時たった二九歳のトレルチは、ハイデルベルグ大学で組織神学の正教授となりました。一九世紀半ば以来、リヒャルト・ローテの驚くべき力により、ハイデルベルグの教授陣はプロテスタント・リベラリズムの居住地として国際的な名声を得ていました。バーデン州の関係省庁がきわめて自由な採用方針を採っていたため、ハイデルベルグ大学は新進気鋭の学者を集める、「進歩的」大学としても高い評価を勝ち得ていました。ここでトレルチはさらに幸運にめぐまれます。著名な哲学者、法律専門家、歴史家と深い接触をするようになり、帝政期に社会が劇的な転換をとげていること、全ヨーロッパ社会が産業資本主義によってラディカルな文化的変容をとげていることについてのトレルチの分析の感度はますます磨かれて行ったのでした。このことは二〇〇〇年五月に東京で行なわれた国際シンポジウムの報告書『ヴェーバー・トレルチ・イェリネック――ハイデルベルクにおけるアングロサクソン研究の伝統』（聖学院大学出版会）の中で詳しく述べています。

多様なサークルを通じて、互いに論じ合い、「近代の危機」に対する解答の方向を探ったのです。親友の国法学者ゲオルク・イェリネックの研究の中に、トレルチは自説に対する支持者を見出しました。その説とは、すでにその教授資格論文に展開されていましたが、キリスト教のエートスの歴史は（その多くの歴史的変種を通して）自然法という概念と関連づけて再建されなくてはならない、というものでした。そして、より若年のトレルチに、自由という近代プロテスタントの概念について、その政治的文化的帰結を徹底的に研究するよう促したのが、自らも人権概念の起源について研究したイェリネックだったのです。哲学者ヴィルヘルム・ヴィンデルバント（フライブルグのハインリッヒ・リッケルトとともに）は新カント学派の代表でしたが、彼がトレルチに、キリスト教信仰を規範とするにはどうしたらよいかということについて、しかもすべての道徳・宗教・理性の伝統に不可避であるかのように思える歴史的相対主義を否定せずにこれを規範とするにはどうしたらよいかということについて、集中的に思考をめぐらすよう、刺激を与えています。ほぼ同年の経済学者マックス・ウェーバー、それに自由主義的な女性解放運動の旗手、ウェーバーの妻マリアンネとの緊張感をはらんだ緊密な関係、これがトレルチに新たな知的地平を与えてくれたのです。

マックス・ウェーバーを通してトレルチは、萌芽期の社会学の研究にも入って行くよう、挑発を受けたと感じています。経済的価値と宗教的価値という異質の分野間の緊張をより鋭く診断するために、彼の友人がそれを精査してくれたのです。ウェーバーの『プロテスタンティズムの倫理と資本主義の精神』という先駆的な研究の影響を受けて、トレルチは古プロテスタンティズムが新プロテスタンティズムへと転換する歴史的文化的分析を強化するのです。つまり、近世における宗教集団としてはなお均質的な共同体であったプロテスタンティズムから、啓蒙主義およびドイツ観念論によって形作られた近代社会における新プロテスタンティズムへの転換の研究を彼は展開したのです。

この点で、カルヴァンのジュネーヴでの革命によって形成された西ヨーロッパおよび北米における、プロテスタンティズムの諸形態の分析が重要な役割を果たします。トレルチはすでに一八九〇年代に、一七世紀から一八世紀にみられたイギリスの理神論、イングランドやスコットランドの道徳哲学を研究しはじめていました。また、一七、一八世紀のヨーロッパ啓蒙主義の広範な研究を始めました。トレルチは啓蒙主義を、教会の諸宗派が支配する世界と、個性の支配する近代的多元論の文化とを分ける決定的な分水嶺と見なしていました。新カント派のバーデン派の影響を受けて、トレルチはカントの宗教哲学に関する研究を著しました。しかも世紀が変わると、アメリカのプラグマティズム、特にウィリアム・ジェームズの宗教心理学に注目しました。一九〇四年八月、マックス・ウェーバー、マリアンネ・ウェーバー、さらに哲学者パウル・ヘンゼルとトレルチはアメリカに出かけます。セイント・ルーイスで開催された世界博覧会との関連で開かれていた学会で、「宗教哲学の主要問題――宗教学における心理学と知識理論」を発表するのが主な目的でした。このアメリカ旅行を期に、トレルチは再びカルヴィニズムの諸世界と生命の諸形態、つまりは「禁欲的プロテスタンティズム」の研究に入って行くのです。いったいルター派とカルヴィニズムとの違いは何か、しかもただ単に教義や神学上の教えにおける相違ではなく、倫理的規範の面、価値についての政治思想、宗教の社会化の諸形態における違いは何か、特殊ルター派的な神学的表現とは何か、いかにしてルター派の共同体やその環境で育った信者の精神構造（あるいは習慣）は形成されたのか、ということ等の研究です。二〇世紀に入ると、近代的プロテスタンティズムの歴史をトレルチがどのように見ていたかということを知るために重要な視点を彼は次々に発表するようになりました。イエリネックやウェーバー、それにハイデルベルグの文化史家エバハルト・ゴーテインなどとの交流・接触を通して、トレルチはその分析の焦点を宗教と信仰の「文化的意義」に集中させて行くようになります。カトリックと比べた場合、プロテスタンティズムの「文化的意義」は一体何であるのか。カルヴィニズムとルター派とではその「文化的意義」においてどのような違いがあるのか、彼はそのような問いと積極的に取り組むようになったのです。極度の規律と献身、そして勤勉をもって、睡眠時間を削っての読書を行うことによって、トレルチは近代プロテスタンティズムのユニークかつ革新的な「文化史家」に育って行ったのです。ここまで来ると、カトリック、あるいは教会の周辺にいて、特定の宗教に関係のない諸集団とを、その歴史的視野にいれて統合しようとするようになる日も遠くありません。

まもなく、今日では古典的なものとなっている、トレルチの包括的なプロテスタント・キリスト教論・教会論である「近代におけるプロテスタント・キリスト教と教会」（パウル・ヒンネベルクの『現代の文化』誌に寄稿されるべく、短期間に仕上げられ、一九〇五年が初出）、および『近代世界の成立にとってのプロテスタンティズムの意義』という講演（一九〇六年のシュトットゥガルトでのドイツ歴史学会での講演）が、プロテスタンティズムの歴史・文化的解釈として彼によって提示されます。ここでは、宗教的信仰の力が歴史の変化に影響を与える独立した動機として見られており、それが他の文化的諸力と相互に響き合うものとしてとらえられています。いわゆる『社会教説』は、そのかなりの部分が『アルキーフ』誌に一九一二年に発表され、その後、『著作集』の第一巻に収められたものですが、ここでトレルチは、一八〇〇年までのキリスト教のエートスの形成力および宗教の社会化の様々な形態が他の文化的諸力にどのような影響力を行使するかについて、ほぼ千頁にもなろうとする詳細な報告を書きあげたのでした。ベルリンにいた友人の社会学者ゲオルグ・ジンメルの影響もあり、また、「世紀末」の宗教的改革運動を集中的に研究したこともあって、トレルチは宗教の社会化の三形態を峻別したのです。

すでにウェーバーが理念形として区別した教会とゼクテのほかに、神秘主義をキリスト教内の第三の社会組織として提起したのです。そして、「教会」のタイプはローマ・カトリック教会とその教会主導の統一文化が古典的には代表し、「ゼクテ」は北米のカルヴィニズムの諸宗派が厳格な世俗内的禁欲主義をもっていたことが代表し、さらに「神秘主義」は新ロマン主義の観念論に鼓舞された自由な形態の宗教性で、一八〇〇年以降に出現したものによって代表されると見たのです。このような、社会学に基盤を持つ宗教の社会化の三形態論に、この時代の改革思考を持った教会論が結合していました。トレルチはドイツ（ことにプロイセン）のプロテスタント国教会を非難し、それが第一義的に政治的な動機をもつ聖職者主義であると批判しました。その根拠は、彼らがあまりにも君主制国家に近づき過ぎていること、封建的保守的権力エリートときわめて近い同盟関係にあったということでした。教会と国家との関係、あるいは「現在の宗教的状況」についての無数の論文において、このリベラリズムのプロテスタントはこれに反対を表明し、「柔軟な国民教会」を要求したのです。長期的に考えれば、キリスト教の伝統が引き継がれるためには教会の形態が必要である、ただそれにもかかわらず、教会は強制の機関になってはならない、教派的な均質性を押しつけてはならない、そうではなくて、教会は個々のキリスト者の共同体の自治を認め、近代のキリスト教的な宗教生活の複数性に対して開かれていなくてはならない、と彼は主張したのです。その開かれた「国民教会」が、宗教教育を受けた階層の神秘主義的精神性（分離派の信徒たちの禁欲的厳密さのみでなく）を抱擁するのをトレルチは望んだのでした。

一九〇〇年以降になるとトレルチは急速に著名人になり、ハイデルベルグの知識人仲間、バーデン州の公共的な場においてかなりの影響力を持つようになりました。四一歳の時に彼は大学の副学長（事実上の最高の責任者）になります。市民派のリベラルな改革派（これはドイツの政治文化に社会民主主義をもっと速く取り入れること、イギリスとドイツ帝国との政治的緊張の高まりに鑑みて、相互理解を促進し平和を維持をすることを目的としていました）の支持者として、トレルチは国家自由党のバーデン州執行部に関係することになります。一九一〇年から一九一四年にかけて、バーデン州議会の上院においてトレルチは大学の代表としての役目をつとめました。経済界との接触ができたため、多くの講演（毎回、何百人という聴衆がつめかけました）、新聞や高級誌への無数の投稿（これらは読みやすいものでした）をすることになり、神学を越えたところで公衆と広く共鳴することになりました。さらに学者、講演者としても、多大な象徴的資本を得るところとなりました。

一九〇八年と一九〇九年には、ハイデルベルク大学の神学部と哲学部がともに大学評議委員会のもっとも重要な教授職に推薦しました。その社会学上の業績で、グライフスヴァルド大学の哲学部およびブレスラウ大学の法学部から名誉博士号を受けました。数回にわたって、種々の国際会議の開会式での講演を頼まれてもいます。北米のジャーナルを見ますと、その講義のスタイルが生き生きしていることで、国外でも高い尊敬の念をもって迎えられていたことが分かります。すべてのキリスト教の宗派のリベラリズムのネットワークが国境を越えて出来ていたのも、トレルチの仕事が国外で受け入れられるのに役立ちました。

一九一二年までには『近代世界の成立におけるプロテスタンティズムの意義』の英訳が出ていました。近代主義者で世俗の司教といわれたフリードリッヒ・フォン・ヒューゲルや、フランス、スペイン、イタリアなどの数人の若年近代主義者、改革派のカトリック神学者との接触を通して、カトリック教会内の宗教的再生の試みについても、トレルチの認識は磨かれました。それにもかかわらずトレルチは、ドイツの「カトリック中央協議会」には懐疑的でした。これは、戦争時まで政治的利害が支配的であったためです。しかしながら、カトリック聖職者内部の学問論争については注意深く見守っておりました。なぜならトレルチは、分派主義者ではなく、リベラル・プロテスタントに時として潜在的に見られた文化闘争的な傾向にも批判的で、結局キリスト教を新しくするにはどうしても個々の教会の境界線を超越し、真の信仰を持つ者が全キリスト教会的な交換を行うしかないと確信していたからです。トレルチ自身の宗教性は神秘主義＝精神主義的な伝統に強く影響されていました。死亡記事や伝記を見ると何度も現れてくるのですが、友人も彼の学生も一様に、トレルチはいつも快活で、よく笑い、世界に対して精神と心の自由を謳歌していたと証言しています。

戦争が始まると、トレルチはますます政治面での活動を強めます。これは、他の知識人と同じでした。ハイデルベルグやバーデン州の各地で戦争初期に行った講演を見ますと、彼は戦争を（まずこの戦争はドイツに押しつけられたものだと解釈していましたが）、一八七〇／七一年の帝国の内外における議論とも関連した文化戦争だと見ていたことがわかります。ところがハイデルベルグからベルリンへと移ると、彼の戦争論が微妙に変化します。知識人の社交が行われていた、いわば「グローバル・ヴィレッジ」から、一九一五年四月一日には帝国の首都に移ったのです。ハルナックの紹介で帝国首相ベートマン・ホルヴェーグに会い、国内・国際問題についてアドヴァイスをするようになります。西側陣営との宣伝戦では、この戦争は善良にして道徳的にも模範的なデモクラシーがプロイセンの軍国主義を、あるいは真の西欧のリベラル・デモクラシーをプロイセンの権威主義政権が抑圧しているのを戒めているのである、ということになっていたのに対して、トレルチはかつて自分が分析したカルヴィニズムとルター主義との間の政治的・倫理的相違に新たな装いを与え、この戦争は自由と社会のモデルについての概念の闘争から始まって、政治的・文化的目的を追求したものであると論じました。確かにトレルチは、前線の状況に応じてドイツの軍事目標についての論争ではその立場を変えましたが、ラインホールド・ゼーベルグやゲオルグ・フォン・ベロウという併合論者の知識人とはあくまで一線を画していました。併合論者たちが必要ならば大陸では広範な領土の拡大も辞せずという態度だったのに対し、トレルチは全体的には国際問題で穏健派でしたし、国内問題では議会開設、社会民主主義の導入、プロイセンの選挙における三階級制廃止に向けて、一九一五／一六年以降、じょじょにその要求を強めていきました。一九一八年以後は、「自由と祖国のための国民連合」の要職にもあったトレルチは、早期講和と政治改革という主張のもとに戦ったのでした。旧体制の最後の数週間においては、マックス・フォン・バーデンとの旧交を通して、多大の影響力を行使したのです。敗戦と革命の後、トレルチは原理的には民主主義者とはなりませんでしたが、新しい政治的現実を認知することは必要だとし、特にプロテスタントのブルジョアジーが共和国賛成派に回るよう、働きかけました。一時期、トレルチはドイツ大統領候補として名前が出ました。プロイセン国会議員選挙では、リベラル左派のドイツ民主党のベルリン地区の筆頭候補者として戦い、その後、プロイセンの文部芸術省次官となって、特に社会民主党のコンラート・ヘニッシュのもとで、文化・教会政策の分野で活躍しました。この時期トレルチは、国家と教会との間の法的関係の改正のために決定的な役割を果たしました。

　彼の書いた『傍観者の手記』（これは初めはペンネームで、フェルディナンド・アヴェナリウスが編集した雑誌に発表されたものです）は、革命期および再建期の政治情勢の分析としてはもっとも要を得たものだされました。過激な右派の重みが増すなか、理性的で共和主義者だったトレルチはじょじょに、信念からの共和主義者に変貌して行きました。この信念の共和主義者は新しい共同体の社会的道徳的基盤を強化しようとしたのです。ベルリンにおける大学教授としてのトレルチは多大の成功をおさめました。歴史哲学、近代哲学の歴史、文化倫理に関する義の多くは千人もの聴衆を集め、上級ゼミナールや大学院生ためのゼミナールには重要な若き知識人たちが集まり、短期間のうちに海外でも、新しい共和制下のドイツにおいてももっとも重要な声として、多くの尊敬を一身に集めたのでした。

トレルチは世界大戦中は、「ドイツ精神と西欧」との相違を分析し、西欧の合理主義・個人主義に対して、ドイツ人には独自の、自立した共同体主義の理念があることを唱えたのですが、彼の主要な関心は今や、西欧の政治思想の伝統と、ドイツの政治的社会的モデルとの間に、建設的バランスをとることでした。この企図を集中的にしかも古典的に述べたのが、広く読まれた彼の論文「世界政治における自然権と人類」でした。これは、一九二二年一〇月二四日に、ドイツ政治学大学の創設二周年を記念しての祝典で講演されたものです。ワイマール共和国の大統領フリードリッヒ・エーベルトおよび来賓の臨席のもとにおこなわれました。なんとトーマス・マンまでがトレルチの影響下にその考えを変え、反デモクラシーから変わって議会民主主義的共和制を唱えるようになったのですが、このマンがトレルチの政治的倫理的目的について、次のように、一九二三年のクリスマスの日に『フランクフルト新聞』に書いていています。

「したがって、現実のデモクラシーというのは（これにはドイツ人気質が歴史的に抵抗してきていて、しかもその抵抗は重要であり、ただのさもしい抵抗というわけではなかったが）、目立たない小冊子に完璧なる明快さをもって説かれている。私は全世界にこれを読んでもらいたい。その小冊子の題名は『世界政治における自然権と人類』であり、その著者は文化哲学家エルンスト・トレルチである。最近亡くなったのは残念なことである。この小冊子は、……ドイツの政治的・歴史的・道徳的思考と西ヨーロッパ・アメリカのそれとをほれぼれするほどの精密さをもって比較し、提示しているだけではない。この両者の違いは、つきつめれば、ドイツ的＝ロマン派的反革命と、その前からある、自然権・人類・進歩に関する市民的・保守的・革命的思考との対立であるが……この小冊子は、ただ頭のなかで分析をするだけでもなく、あるところから教育的な要求をする。この小冊子は、説得力のある暖かさをもって、ある再収斂が歴史に必要であることを証明し、そのことを広めようとする。この再収斂とは、ドイツの考え方が再び西欧の考え方に接近することである。わが文化的集団のある宗教的・イデオロギー的要因がこれと分かちがたく関連してる[49]」。

トレルチの学問上の研究論文が彼の実践的な著作をも形作ったのです。世界大戦と革命で痛々しくも示されたように、継承されてきた文化的可能性と道徳的方向性は劇的に浸食されつつありました。ここでトレルチは、深い分裂を繰り返すワイマール共和国に対して、新たなコンセンサス形成の道を示そうとしました。しかし、この探究を彼はもはや、緊急に必要とされていた国民国家の枠組み内で示そうとはしませんでした。彼はそれを「ヨーロッパ文化統合」というモデルで示したのです。これは、内に向かって、そして外にも向かって、同意と理解のための新しい可能性を提示しようとしたものでありました。

『歴史主義とその問題』の第一巻を出版して五週間後、トレルチは在宅のまま、ベルリン市ライヒスカンツラープラッツ四番地で、一九二三年二月一日に死亡します。最後は短期間患ったのみでした。ただその症状は重いものでした。イギリスの新聞はその死を、「食料封鎖の犠牲」と報じました。トレルチもその妻マルタも、その息子エルンストも、そして多くのベルリン市民がその影響を免れませんでした。アドルフ・フォン・ハルナックが弔辞を読みました。ルター派の牧師として、この著名な教会史家は手短にこの友の宗教性について論じました（この弔辞はごく最近その原稿が見つかりました）。ハルナックはこう言ったのです。「内なる生命。彼は生命の意味と歴史の意味とにこだわりました。これは契約でした。神に対する信仰の証でした。宗教でした。プロテスタント・キリスト教の伝統をあくまで持ち続け、われわれは許しを必要とし、それを得ることを知っていました。それがキリストの十字架への信仰の現実的な試練だったのです。彼は自由の問題にこだわり続けました」。

第6講　歴史の文化科学としての神学

第5講でトレルチの知的伝記を概観しましたので、この第6講ではトレルチを扱う部分の第二部に入ります。まず何よりも彼の神学上のプログラムを扱わなくてはなりません。ここでは私は、トレルチの発した問いの筋道を追います。この部分は、「歴史の文化科学としての神学」というタイトルでお話しします。

一九一一年、トレルチはスイスの若い神学者たちに向かって、「信仰者にとってのイエスの歴史性の意味」という講義を行います。この聴衆の中にいたのが若きカール・バルトなのです。このリベラルな神学者はここで、キリスト教信仰と近代の歴史的思考との矛盾を分析しました。このような論旨です。宗教的信仰というのは、永遠的なもの、非時間的なもの、超歴史的なものをめざす明確な真理、確定的規範にコミットする。それに対して歴史的思考はこれら堅固な錨を解き、われわれを縛る規範を無意味にする。すべての文化的なものの儚さを暴露し、それを相対化し、むしばみ、浸食する。キリスト教信仰の中心的人物、ナザレのイエスにしても、歴史化によってその絶対性を奪われる。歴史意識にとっては、イェスは神の子ではないし、霊感を受けてひとつの宗教を創設した者でもなく、間違いを犯し、木から落ちることもある一介の巡回説教師であり、初期のキリスト者の共同体がその者を救い主としたに過ぎない、このように論じ進みます。

トレルチは近代の歴史主義をただ単に、歴史研究者が古いテキストの意味を再構築するために行う批判的文献学の努力というものよりも、はるかに大きいものだと見たのです。つまり、歴史主義というのは自己解釈、われわれの存在の解釈を変えてしまう知的革命だとしたのです。その後よく引用される『歴史主義の危機』でトレルチは歴史主義を「一九世紀に現れた、われわれの全知識、知的世界の全認識の歴史化」と位置付けました。大いに評価していたヤーコブ・ブルクハルトに同意して、トレルチは歴史主義とは現在の諸動態への応答、つまりわれわれの文化生活・世界が加速度的に変化していることに対する反応だと解釈しました。文化的に与えられているものすべての歴史性について考えを巡らすことによって、近代人はこの激流の基底にあるものを消化することができると解釈したのです。

ハイデルベルでの組織神学者としてトレルチは、主として教義学と倫理学の講義をしました。彼の目には、このふたつの分野に対して歴史主義は根本的な脅威と写ったのです。歴史的思考は、教義学者の華麗な体系を壊してしまう、倫理学における「価値の無政府状態」、ニヒリズムのような無関心をもたらすと考えたのです。歴史主義は懐疑主義と不確実性をもたらす、とトレルチは言います。なぜなら、全てのものが歴史的偶然性に制約されているということになり、歴史的に物事を考える者にはまったく違って世界は見えるからです。

歴史主義の神学に対する脅威は一九世紀半ばから始まり、とりわけ、ヘブライ語聖書および新約聖書の世界への研究が急速に進むにつれて、ますます大きくなりました。この分野の研究が集中的に進めば進むほど、初期のキリスト教の姿は宗教的シンクレティズムとして顕れるようになり、相互に異なる要因を寄せ集めたものに見えてきたわけです。宗教史の観点からみると、キリスト教とは単に多くの宗教のうちのひとつでありました。キリスト教こそ「絶対的宗教」であるという信仰はたとえばヘーゲルのような観念論の哲学者によって広められたのですが、歴史主義の厳密な検証には耐えられないことになるのです。トレルチもまた、保守的ルター派の教義学者やアルブレヒト・リッチュルの多彩な弟子たちが歴史を越えた信仰という特別な世界を構築しようとした試みを、まやかしとして拒否しました。このような超自然主義は知的には偽造品であり、キリスト教信仰と近代の基本構造との間の認識上の不協和音をさらに強めるだけのものに過ぎないとしたのです。

一九〇二年、トレルチは『キリスト教の絶対性と宗教史』を出版します。これはもともと、ミューラッカーにおける『キリスト教世界』誌の愛読者大会の席上で、一九〇一年一〇月三日に行われた講演です。このいわゆる『絶対性』論文は、トレルチが後年になって扱う神学および歴史神学上の問題について述べたものであり、さらにその扱い方についても論じたものです。トレルチ自身、これを自分の思想の鍵となる講演であると規定したことが何度もあります。一九二二年にはその自伝的文章『私の著書』（死の少し前に出版されました）で、「この本でこそ、この後に続くものすべての種を蒔いたのである」と書いています。

『絶対性』論文は今日では、一九九八年に刊行が始まった『エルンスト・トレルチ著作集』に新しい版が入っています。この新しい、歴史的な校訂を経た版を詳しく検証することは必須のことですが（トゥッツッツ・レントルフがシュテファン・パウラーの協力を得て校訂しています）、まずそこで提起されている問いとテーゼに行く前に、コンテキスト上の背景といくつかの文献学的論点にふれなくてはなりません。

すでに触れたように、この『絶対性』論文は一九〇一年一〇月三日にミューラッカーにおける『キリスト教世界』の集会、南ドイツとスイスの集会で講演されたものです。その際のもう一人の講演者が牧師のマックス・クリストリープで、その演題は「キリスト教の絶対性とその伝道団」でした。彼は、プロテタント伝道協会の仕事で七年間、日本に滞在しています。この意味では、キリスト教の伝道の正統性の論議もまた、トレルチのキリスト教絶対性論のなかで重要な役割を果たしていたのです。

ミューラッカーにおける講演のたった一カ月後、一九〇一年の一一月にはトレルチは出版用原稿を既に完成していました。実際には一九〇一年一二月にJ.C.B. Mohr（Paul Siebeck）社より出版されましたが、後付けには一九〇二年の出版とされています。出版社からきた無料のコピーのうちの一部を使ってトレルチはさらにこのテキストに自分自身の校訂を加えます。すなわち追加、訂正、新しい文献の追加などを行ったのです。『著作集』版は初めて、これら手書きの修正を取り入れたものです。

続いて一九一〇年の年末までには『絶対性』論文の第二版を出すことになり、トレルチに出版社から知らせが入ります。一九一一年の秋に、トレルチは第一版の改定を開始します。初めは文体上の表現の変更に留めるつもりでしたが、最終的にはかなりの変更を加えることになりました。無数の箇所において彼は新しい文章、長いパラグラフを付け加えたのです。これらの挿入部分は内容的にもかなり重要なものを含んでいます。『著作集』版を見るとこの点がはっきりと出ています。つまり最新の校訂版では、第二版をメインテキストとして使用していますが、第一刷りのテクスト、そしてそれにトレルチが手書きで修正をほどこしたもの、さらに第二版があるわけです。したがって現在では四つのレベルのテキストが存在することになります。一九〇一年の初版、それにトレルチが手書きの修正を入れて彼自身のもっていた蔵書、それに第二版です。それに加えてミューラッカーにおける講義に出席した者にはトレルチはその講義に一四の命題を加えていまして、これが『キリスト教世界』に一九〇一年九月二六日付けで出版されています。あたらしい『絶対性』論文の『著作集』版にはこれらも入っています。

それでは『絶対性』論文で論じられている問題とは何でしょうか。どうしてこれが二〇世紀最大の神学上のテキストとみなされているのでしょうか。まずもってこの論文がこれほどのインパクトをもったのは、近代の歴史的思想としての神学で問われる諸問題をきわめて明快にしかも知的整合性をもって論じていたからです。このテキストは豊かな理念の泉です。神学の方法論、とくに神学内の「教義学的方法」と「歴史学的方法」との深遠なる対立問題についての知的貢献として読むこともできます。同時にまた、神学的内省と宗教性との緊張関連、学問的な神学と信仰の純真で直接的な確実性との緊張関係にも向けられてもいます。さらにまた、近代西洋文化の特殊性についての組織的貢献、あるいはウェーバーの言葉を用いれば、近代西洋の合理主義への貢献にもなっています。一八世紀に生まれたこの革命的な歴史主義は一体神学にとって何を意味するのか。どうしたら、近代的歴史思考の条件のもとで神学は規範的知識を得られるのか。すべての知の歴史化は容赦なく、キリスト教と言えどもそれは多くの宗教のうちのひとつにすぎないという洞察へと導く時、キリスト教に対する信仰はどうしたらその確実性を手にすることができるのか。近代ヨーロッパ文化の登場にキリスト教はいかなる影響力を行使したのか。これらすべての問いが『絶対性』論文では重要な役割を果たしているのです。

伝統的には、キリスト教神学は、キリスト教以外の宗教に対するキリスト教の無条件の真理性の主張という前提から出発していました。キリストは真理の体現者、その人格化であり、それ以外の宗教を信じることは誤りであり、間違った世界観の表明だったのです。古典的なドイツ哲学では、いわゆるドイツ観念論がこうした考え方を概念の思弁的形成を通して再生していました。およそ一八〇〇年頃から、フリードリッヒ・ヴィルヘルム・ヨーゼフ・シェリングやゲオルグ・ヴィルヘルム・フリードリッヒ・ヘーゲルなどの哲学者がキリスト教について、それを「絶対宗教」として語りはじめたのです。「絶対宗教」という概念で、宗教の一般史の枠内にキリスト教を置く（あるいは類型化する）ことができ、同時に、語り継がれてきた全般的真理の主張にすがりつくことができたわけです。もちろん、一八世紀、一九世紀に行われた新しい宗教史の研究がありましたので、それによって彼らもキリスト教と言えども多くの歴史的宗教のうちのひとつにすぎない、宗教というものの普遍的顕現のある特定の歴史的形態にすぎないということは認めました。それにもかかわらず彼らは同時に、キリスト教とその他の宗教との間には基本的には差異があると主張したのです。キリスト教においてのみ宗教はすべての宗教の一般的目標を達成したというのです。この意味では、キリスト教は「宗教史の中の宗教」であり、一般的規範としての宗教というものが歴史的な形をとったのがキリスト教であると主張したのです。

一八三〇年以降、無数のプロテスタント神学者がこの「絶対宗教」の概念をとりあげ、キリスト教の弁証、いわゆる「外国の宗教」に対する体系的弁証として用いました。その議論の筋はおおよそ次のようなものです。まず宗教というものの一般的概念が描き上げられ、歴史上の知られているすべての宗教が発展論的歴史的枠組みの中に包含されます。「原始宗教」から「自然宗教」、そして「文化宗教」に進化し、これが、宗教の一般的要請を実現することを目指し、合理的方向性をもった過程として顕現されます。この宗教の歴史的進化は、最高の「文化宗教」としてのキリスト教の出現で完結されます。なぜなら、キリスト教は自由の宗教、自由な人格の宗教だから、というわけです。こうして、この論理では一般的な概念としての宗教がほぼキリスト教の本質と同じだということになります。確かに一九世紀にこの概念はドイツの大学におけるプロテスタント神学の学問的近代化には決定的な貢献をなしました。異教、非キリスト教の多くの世界、形態を研究しよう、その差異を知ろうということで始まった新しい宗教研究、その開放性を大いに促進したのです。にもかかわらず、多数の宗教の多様性に対する開放性がキリスト教の優位性の主張を許したのです。このため、「絶対宗教」のモデルはキリスト教の伝道活動を始めるのにはぴったりでした。伝統的、非キリスト教社会でキリスト教信仰を説き、広めることは、この「絶対宗教」を推し進め、それを成就させるという目的に奉仕することになったのです。これこそが人類の真の自由の扉を開ける最初にして唯一の宗教だったからです。

宗教史研究が急速に拡大すると、一九世紀半ば以降、宗教史といっても多様な像を提示するようになってきます。じょじょに歴史には内的、合理的な統一性があるべきだという前提が溶解してきます。また歴史を発展論的に、歴史的に、あるいは進化論的に見る史観、それに歴史には規範的目標があるという目的論的思考は、ますます急速にその可能性を失うに至るのです。個々の宗教的現象に対する豊かにして多様な研究、きわめて異なった異質な宗教世界を調査した多くの個別研究が登場すると、これらすべてを、閉鎖的で整合性のとれた包括的解釈の枠組み内に統合することはもはやできなくなったのです。関心はじょじょに、宗教史の抽象的一般的描写から、個々の宗教の特性を描くことに移って行きました。

トレルチの『絶対性』論文は、これらの科学的歴史的発展が学問的神学の推論的方法に対して突きつけた挑戦を何とか調停しようという試みであったと見ることができます。トレルチは繰り返し次のことを強調します。もし他の文化研究における新しい洞察や展開をまじめに受け取ろうとすれば、古くからの教義学的な方法ではもはや不可能である、近代的歴史論的思考は、キリスト教信仰のみが正しいというナイーブかつ独断的主張を破壊してしまった、そして唯一の真の宗教は神への信仰であって、これ以外のすべての宗教性は単なる異教の迷信であるという考えは保持できない、というのです。しかも、発展論的歴史的モデルはもはやキリスト教の「絶対性」を構築する確固とした基盤を提供してくれません。『絶対性』論文の中の決定的な文章はこう言っています。すなわち「キリスト教を絶対的宗教として構成することは、歴史的思惟方法によっても、歴史研究の手段をもってしても、不可能である。」

近代の歴史的方法の驚くべき明晰性をもってトレルチは、一般的・普遍的歴史概念というのはもはや存在しない、そのような概念を形成しようというあらゆる試みは、ある一つの、特定の歴史的観点に必ずしばられるということをきわめて明快に示します。整合性という歴史主義の論理的帰結は、すべての知的出発点、すべての思考を、歴史的に定義されたものにする、というわけです。一般化を目指そうとすればそれは不可避的に、ただ単に現実の限定されたごく一部を描写することに終る、というのです。トレルチがいかに近代の歴史的方法、歴史主義の理論化の特徴を精密にとらえていたかを示すのが、次のような、『絶対性』論文を代表する段落です。

すなわち、「歴史の普遍的な発展法則とその勝利についてのわれわれの理論そのものもまた、そのつどの立場から歴史的個性的な制約を受ける。特に歴史研究の場合、与えられた自然と結び付いている感情や思考や欲求と、これに対して戦いをいどみ干渉してくる高次の精神内容との間には、つねに解消できぬ相違がある。後者は前者とすっかりからみあいながらも、独自の独立した生を遂行し、それ故にいかなる事情のもとにも、一つの共通な普遍法則という因果関係のもとに配列されないのである。いずれにしても、歴史研究は、自己の立場から、いたるところに対立する諸力の戦う像を見る。そして一元論をも自らの研究の中に受け入れた場合には、その独自な認識をいたるところで不明瞭ならしめた。客観性とのかかわりのなかで自己を形成する歴史研究は、個々の歴史内容を次々に産みだす法則を内に含む普遍概念を知らないし、それ故、あらゆる現象に内在するものをひとつの普遍的な概念によって把握することを許容するような概念を知らない。このような普遍概念は、あらゆる個別的なものの運動と生産の法則であると同時に、まさにそれによって、いっさいを満たす唯一の内容を含む真実の価値であり、どのような歴史現象の規範であっても、それは歴史研究とは無関係である。歴史における普遍的な妥当性としての規範、価値、理想にかかわるものとして成立するものについては、事実としての普遍へと立ち返るのとは違った根拠付けが存在しなければならない。なぜなら、事実としての普遍は、それによって生み出された個物がおびただしい数にのぼるというだけでは、ただちに認識されたわけではなく、個々の変化の中に恒常的なものを求める抽象作用によって発見されると考えられるからである」。

このことは、キリスト教を把握しようとする全ての努力にとって重要な帰結をもたらします。キリスト教の研究においても、歴史家が歴史現象を検証する時に使う方法と厳密に同一の方法をもってキリスト教を検証しなくてはならない、ということになるわけです。『絶対性』論文の第三章の冒頭でトレルチは歴史的相対性と価値の規範性との関係について述べ、それを次のように定式化しています。「キリスト教は、その歴史のあらゆる瞬間において、ほかの大宗教と同じように、個別的な歴史現象のあらゆる制約をともなった純歴史的な現象である。キリスト教は、その歴史のあらゆる瞬間において、普遍的な確証された歴史研究の方法に従って探究されねばならない」。

こうなると、歴史の中から歴史的規範を取り出すことがそもそも可能なのかという問題に突きあたります。厳密な歴史主義は相対主義ないし懐疑主義へと神学を導かないのか。そうなれば、すべての歴史現象の重要性や差異がなくなってしまうのではないか。トレルチはこのような相対性から派生する懐疑論を避けようとします。歴史的方法の概念として「相対性」の問題を考えてみると、すべての歴史現象は個別のものであり、独自の形をもっています。しかしながら同時に、すべての歴史現象は相互に関連し、常に普遍的なコンテキストと結び付いています。「相対性とはただ、すべての歴史現象が特異なものであり、個々の形が、さまざまな程度の偶然性が意味をもつ、普遍的コンテキストからの影響を受けているということを意味するにすぎない」ということになり、「相対性の思想が意味するのは、すべての歴史現象はわれわれに近い作用を持つにせよ、遠い作用を持つにせよ、これらの作用の全関連に影響された特殊な個別的な形成物であるということである」。したがって、さまざまなものが個別的に形成されることに本来的に付随していることとして、より一般的に、より広いコンテキストに向かって方向付けられている、ある自己超越の要因があるはずです。「つまり、すべての個々の構築物が、より広い、そしてさらに広い地平線も包含して、ついにそれが全体的なものに広がって行く……特殊な個別的な形成物であるということであり、それ故、それぞれの歴史現象からいっそう広い関連の展望が、それ故に最後には全体への展望が開かれるということなのである」。これこそがトレルチの中心的かつ決定的な論点なのです。歴史的手法をその論理的帰結にまで突きつめて行くと、それは個をこえて規範の一般性に通じるというのです。「つまり、このような全体的な展望があるために普遍的判断、評価ができるようになる。しかし相対性は、個々の構築物の中に顕れる価値を否定しないし、同じ方向を向いている価値、互いにぶつかって影響を与え合う価値、こうした相互作用の結果としてこの種の構築物の内にある真理と必然性を感得し、その中からひとつの選択に人を導くような価値、こうした個々の価値を否定しないのである」。「この全体的な展望が価値判断と評価とを可能ならしめているのである。だが、相対性の思想は、これらの個体的な形成物において共通の基本的方向を持ちながら、相互に衝突する可能性のあるさまざまな価値があらわれることを排除しないし、そしてこれらの価値がこの衝突を通して内的真理と必然性に根拠付けられた最終決断をもたらすことを決して排除しない」。

トレルチがここで言いたいのはこういうことです。価値や規範は歴史に現れ、時には強くなる。しかしこれは歴史の一部である、ということです。つまり、価値や規範は歴史を越えた形而上学的なものとして天上に宙づりになっているとか、歴史の中のつまらない低位の現実を越えた超越的なものとして雲の中に浮いているわけではない、ということです。価値や規範というのは常に、歴史的な形をとったものの中に具体化されている、ということです。この意味で、歴史的手法は必然的に自己を超越するわけです。「歴史の科学的研究は規範を排除しない。逆に、そのもっとも重要な課題は規範を感得し、諸規範を統合されたひとつの全体として見ようとつとめることである」。歴史研究者は、歴史上あらわれる諸規範・諸価値について自らの立場を示すことを強制されます。それ故に歴史研究者の課題は、歴史的なものを代表的・叙述的形態に再構築することを越えて、歴史的哲学的に評価するということになるのです。「こうして、近代の歴史研究は常にこのことと関連した課題を持ち、これこそが究極的責任になる。つまり、歴史哲学の核をなすような総合と評価を何とかして達成することである」。しかしながら、このような評価が、可能なすべての個々の細部や具体的なものに触れる必要はありません。精神生活の主要な形態だけ、つまり歴史を通じて伝えられてきた形態だけを把握すればよいのです。総合と評価を達成するという課題についてトレルチは次のように書いています。「この課題の遂行においては、ただ顕著な宗教の発展についてのみ、直接的に考察すればよい」と。

エルンスト・トレルチは、自ら原典を調べるような研究をキリスト教以外の宗教についてしているわけではありません。それでも彼は、ずいぶんと真面目に近代の宗教研究の原点になるような著作を読み、キリスト教史、キリスト教のエートスの歴史、近代ヨーロッパの思想史の分野では原典を通して集中的な研究をしています。こうした同時代の宗教史研究を行うことでトレルチは、自らの宗教史研究の焦点を「宗教的方向付けの主要なる形態」の選択にあてるようになっています。このことを通して彼は、今日のポストモダンの過激な多元論からみればもちろん多くの反論のあるような、あるひとつの規範的前提に基づいて論じたのです。彼は、規範的に考えて意味のあるような多元性を、いくつかの「高度な」精神性のタイプに限定したのです。

「歴史的相対主義を、はてしない多くの価値の争いが存在することであるかのように解することは、ひどい思い違いであろう。事実はまったくその逆である。経験の示すところによれば、かかる価値はほんのわずかしか存在せず、また新しい精神目標の真実の開示もまったく稀であった。ただ低い文化段階においてのみ限りなき多様性が存在する。……高次の段階においてはじめて、内的生活の大いなる構想力が現われる。そしてかかる段階にまで突破到達することは、それほど多くは起こらないのである。人類に対して真に新しいことを語ることができた人は、いつもまったく稀であった。実際人類がいかにわずかな思想によって生きてきたかは驚きのほかはない。実際また、特に宗教史において、選択決定するのに困るほどたくさんの強大な宗教力がみられるわけではない。ほんの二、三の強力な形成作用しか見い出されないのである」。

このような理由からトレルチは、多神教の多様な形と「未開の諸民俗のおびただしい宗教」をその「最高の宗教的価値」の検討からはずします。西洋と東洋の精神的な宗教との基本的差異ないし対照に焦点をあてることによって諸価値をとらえようとしたのです。「事物存在としての物心両用の自然に対して、高次の世界を建設する倫理的精神的な大宗教は、ほんのわずかしか存在しない。ここで問題となり得るのは、一つには、共通の幹から成長した宗教であるユダヤ教、キリスト教、イスラム教であり、いま一つには、東洋の大宗教、すなわちバラモン教ととりわけ仏教である。これらの宗教と並行して、さらに、歴史の基盤との結び付きを断ち切った哲学的試みである理性宗教が考えられる。すなわち一元論的汎神論、二元論的神秘主義、道徳主義的有神論がそれである。ここで問題となるのは、プラトン主義にはじまる古代後期の大いなる倫理的＝宗教的思弁、インドの宗教哲学、さらに近代において再生した、かかる哲学諸説である」。

トレルチはさらに、価値の探査において関心のもたれる多様な宗教をもう一つの対立項にまで引き上げます。それが「預言者的＝キリスト教的＝プラトン的＝ストア的な理念世界と、仏教的＝東洋的な理念世界の対抗」でした。

　ここでトレルチはたとえば、キリスト教信仰は絶対的真理に立っているというような主張を非難しました。キリスト教のみが宗教の発展の頂点に立つとか、キリスト教だけを神自身の確定的絶対的な啓示と見なくてはならないという教条的な主張は、歴史的観点からは擁護できないと言うのです。このことにもかかわらず彼は、キリスト教はその他のさまざまな歴史的宗教より、より価値があると論じたのです。トレルチによればキリスト教がこの「最高妥当性」を持つのは、それが「人格の宗教」だからだということになります。彼はキリスト教を「普遍的宗教」、すなわち特定の民族とか場所との結び付きを切った「普遍的宗教」、そして、「より高い精神世界、永遠の精神世界」を開いた「普遍的宗教」と解釈します。彼は、キリスト教信仰はすべての自然の人間的な結び付きを超越し、「自然を克服し、無条件の価値を実現する人格の分野」にまで達すると信じました。キリスト教が「個々の魂の無限の価値」に到達する限り、そのキリスト教は、個人の自由に集中するヨーロッパの文化伝統の核をなす、そしてそれ故に、その他の宗教よりすぐれたものと見なせるというのです。

　歴史主義に基づいてこの主張（キリスト教が最高妥当性を持つという主張）を正当化するため、トレルチは広範な文化的・歴史理論的研究を行います。人間の個性に基づいた文化を形作る上にキリスト教が永遠に意義を持つということを示そうとしたのです。それでもなおこの研究の過程において、キリスト教の最高妥当性は、純粋に歴史学やその他の厳密な科学の議論によっては証明され得ないことを十分に意識していました。なぜなら、評価にあたっての主観的要因を一掃することは可能ではないからです。このためトレルチは、キリスト教信仰に「最高価値」を認めるという個人の決断を、あくまで「究極的には公理的な行為」であると見なしたのです。

まずトレルチは、現代に対するキリスト教伝統の「文化的意義」を示そうとして、歴史文化の分析から、近代文化を台頭させた宗教的な力の研究へと進みました。友人のマックス・ウェーバーやゲオルグ・ジンメルとの集中的な知的交流という背景のもと、トレルチは宗教と文化の相互作用・紛争を研究するための宗教・歴史・文化科学を構想し、経済学や政治学で宗教的概念が持った形成力を研究しようとしました。『キリストの教会とその諸集団の社会教説』など無数の歴史や文化の研究は、ルター派とカルヴィニズム（それにゼクテ的なプロテスタンティズムである自由教会）が近代世界の起源や形成にどのような役割を果たしたかを問うたものですが、そこでトレルチは、今日の文化のキリスト教的起源を発掘しようとしたのです。キリスト教の現代に対する意義こそが、歴史を社会的文化的観点から研究しようという自分の研究の中心になるものであるということを極めて明白にしています。このことはつまり、その研究の規範的解釈学的前提を明らかにしようとしたものです。キリスト教の歴史の中でだけ、近代は近代を理解でき、近代について省察を加えることができるのです。

トレルチはその文化史的研究の中で、教会の公式のキリスト教の教説を越えて、バプテスト派や神秘主義者の精神性というようなゼクテや過激な反対派についても同等に研究しました。彼が特に重視したのは中世です。中世においてこそ「生命の内的統一性はひとつの全体的なものとして」発見される、とトレルチは考えたのでした。つまり、宗教的社会的理想とその他の生活の側面とが、相対的に、緊張なく一致していた、というのです。これに対して近代は、この実体的・実質的統一がばらばらになり、宗教生活の様々な形態という広い意味での多元主義は解き放たれた、というのです。一六世紀の宗教改革によって、近代のような領土をもった国家が登場し、科学や技術の意味が急速に高まり、教会組織から自由に大衆が自立すると、教会は文化の唯一の代表という地位を失い、それにともなって、国家と社会に方向付けを与える倫理的な存在としての独占的な地位を失ったのです。遅くとも敬虔主義、啓蒙主義の時代までには、中世の相対的に均質な教会文化は変質を遂げ、信仰の自由、良心の自由を受け入れ、宗教と国家の分離を受け入れ、そして教会からの政治分野の独立を受け入れるという、個別性に基づいた多元主義文化に変わっていったというのです。異質なキリスト教の伝統というこの多様性を、トレルチは近代の多元主義の鋳型とみました。教会・ゼクテ・神秘主義をキリスト教内の社会組織の三類型としてその違いを明らかにすると同時に、トレルチは、当時の宗教的多元主義の正統性をも明らかにしようとします。トレルチは、宗教的信仰というのは究極的には主体的確実性と同じものだと言います。したがって、宗教的信仰はキリスト教信仰の基本的姿勢、すなわち引き続き生じた象徴や教えを個人で自由に使おうという姿勢に適合しているというのです。キリスト教の伝統に対して、このように自由で、実験も可能にするような開放的なアプローチは、たとえば神秘主義にもあれば、さらにドイツのいわゆる「文化プロテスタンティズム」にもあると言うのです。たとえばイマニュエル・カント、フリードリッヒ・シュライエルマッハー、ヴィルヘルム・マルティン・ルプレヒト・ド・ヴェッテ、それにリヒャルト・ローテなどです。キリスト教の啓蒙主義が近代的宗教理念のみならず政治秩序におけるリベラリズムの原則をも打ち立てたと見るトレルチは、この啓蒙主義に鋭い関心を示したのです。

一九二〇年代の非リベラリズムの神学者たちは、その先輩たちに反旗を翻して、リベラルな「文化プロテスタンティズム」のことを、進歩に対するナイーブなブルジョア的信仰の神聖化だと呼びました。これは確かにシュライエルマッハー、ローテ、リッチュル、ハルナックには当てはまるかもしれませんが、トレルチを正当に評価したことにはなりません。歴史家としても組織神学者としても、あるいは歴史哲学者としても、トレルチは近代文化の無批判な擁護論者ではありませんでした。トレルチは、自立した文化的力としての宗教と、その他の文化的駆動力との間の緊張関係を詳しく歴史的文化的に分析していましたので、近代の分割、分裂、それに矛盾や浸食力にも十分に敏感でした。トレルチは二〇世紀初期の産業社会は、深遠かつ広範なる危機の泥沼に陥っていると診断しました。社会的・政治的近代化はもともと伝統への依存状態から人間を解放しようとしたものでしたが、それが回り回って今や個人の自由を脅かしていると言うのです。資本主義経済、官僚的国家、技術の支配が「鉄の檻」になってしまい、個人の自由と行動を抑圧するのです。この段階ではトレルチは「啓蒙主義の弁証論」という言葉は使いませんが、近代文化の矛盾性は彼の分析の中で中心的役割を果たしています。意図としての解放と、これが実現することによって個人の自由が奪われるという矛盾がその典型です。そしてまさにここにおいてこそ、つまり個人の自由への脅威という点においてこそ、彼は宗教を問題にするのです。新たに批判的に宗教を使うこと、つまり、旧ヨーロッパの宗教伝統が現在に意味を持つように解釈することによってこそ、トレルチは個人を強化できるさまざまな力を活用できないかと考えたのです。ユダヤ教、キリスト教の同時代への「文化的意義」とは、「近代の非人格化の傾向」がある中で個人の独自の権利という基本原則を強化することにいかに貢献できるか、ということにあるとトレルチは論じました。

ハイデルベルグでの『信仰論』の講義（これは学生だったゲルトルード・フォン・ル・フォールによって一九二五年に編纂されました）でトレルチは、ドイツ・キリスト教の伝統的象徴や観念を解読して、そこにあるものが公共的生にどのように貢献できるのか、と問いました。トレルチは彼自身の組織神学体系の出版を何度も予告しながら、ついにそれを完成させることはありませんでしたが、彼の宗教哲学は人格主義の形而上学をもってその頂点に至るということは明らかでした。彼の残した宗教・哲学に関するプログラムの無数の断片、宗教研究の古典についての種々の研究、それに『歴史主義とその問題』などからそれが見てとれます。有限な主体（これがキリスト教意識の自己理解における中心像でしょう）の独自性は、われわれの神的創造者の超越的地平において個人の源泉が体験し得るものとされているのです。ここでは神の人格性はいわば人間の個性を象徴的に代表させたものとなっています。何度も繰り返してトレルチは、人間の自由は宗教的内省の中においてのみ十全な形で発見され、形作られると強調しています。

トレルチは形而上学について言えば、ライプニッツのモナド論に主として依存していました。ライプニッツこそ（カント以上）のドイツ最大の哲学者だとトレルチは見ていました。それどころか、ライプニッツの形而上学を思わせる主体性論はトレルチの歴史哲学の基盤を形作るものでした。近代の「価値の無政府主義」を逃れるために、トレルチは歴史全体から「意味のある選択」をすることを自らの課題としました。世界大戦に直面して（彼にとってはそれは、すべてのヨーロッパ共通の文化的可能性の劇的な解体でした）、歴史における規範性をヨーロッパの視野から探ろうとしたのです。「ヨーロッパ文化総合」の意図は、国民性・国民的遺産の賛美（参戦国の知識人がみなこれを行っていました）に代わって、ヨーロッパ共通の文化的諸価値を建設的に思い出そうというものでした。ヨーロッパに古くからある中心的伝統で方向性を提示していたものを想起することは、「根源的な諸力」による現実を支配する諸力からの解放を意味していました。トレルチはその研究の中で、歴史的に形成されてきた「根源的な諸力」を四つ提起しました。ヘブライの預言者、古典的ヘレニズム、古代の帝国主義、それに西洋の中世です。たしかに啓蒙主義によってこれらの根本的な諸力は相対化されたのですが、それでもトレルチによれば、依然としてヨーロッパ諸社会の遺産として現実的意味をもっており、それはヨーロッパを文化的に再興する基盤として重要なものだったのです。特に彼が重視したのは、ユダヤ教とキリスト教の伝統がヨーロッパ諸社会の深い文化的分裂を克服する上で果たす役割でした。つまり、ユダヤ教とキリスト教における「人格の理念」こそが人間文化を保証するひとつ(唯一とはいわないまでも)だったのです。政治的には断固とした決断をもって、このワイマールの共和主義者はイタリアおよびドイツのファシスト運動が近代の個人主義的文化の危機を克服しようとして非多元主義の政治観・世界観を押し出していたことに対して、警告を発しました。新しい統一文化は個人の自由をテロで抑圧し、反体制論者を排除することでは達成し得ないと論じたのです。トレルチ自身はこれに対して、宗教に基盤を持つ自由なる個性をあくまでも保持しようとしました。「ヨーロッパ文化総合」をもってトレルチは、近代社会の分裂的傾向を封じ込めようとしました。しかし彼は、自らの立場の相対性という、神学研究で培った知見にあくまで忠実でした。「文化総合」とは常に主体的な記憶行動であって、特定の歴史家ないし歴史哲学者の経験に基づいた世界観によって形作られるものであり、人類の普遍的歴史でもなければ、単一で妥当な無時間的文化的理念もないとトレルチは言います。神学的内省を行うことで、トレルチは形而上学的絶対主義を克服し、ヨーロッパの人々にとって現実的な自己の境界線を引こうとしたのです。彼は現実の一元的理解を捨て、つまり、世界はひとつ、歴史はひとつ、文化もひとつという観念を捨て、多元的な視野を持とうとし、そうすることによって真理の一元的概念を「真理の多形性」の概念によって説明し直したのです。どの文化集団も独自の生来的真理を持っていて、まったく異なる人びと、完全に異質な人びとを理解するのは不可能です。なぜなら、自分自身の（自明な）文化的真理の境界線を越えることは出来ないからです。ですから、自由な個性という理念は「ヨーロッパ主義」の枠組みの内でしか理解できず、正当化もできないのです。そしてこのヨーロッパの「人格観念」（ユダヤ教・キリスト教の伝統のなかで形成されたものです）の妥当性をこのように限定することが、ヨーロッパ内では文化的現実的な拘束力を強めることになったわけです。

真理を自らの文化集団に限定することによって、トレルチは近代の相対主義的文化人類学への道を開きました。しかし彼は極端な相対主義をとったのではなく、神学的議論を経た批判的自己限定の立場をとりました。この哲学者は歴史的理解の限界を大いに説きはしましたが、実は、彼自身の、古いリベラルな神学的観念を新しい言語ゲームによってさらに推進しようとしたのでした。人類は神の真似をすることをやめなくてはならないと説き、われわれの限界を知ることが現実的妥協を可能にし、他者を尊敬することができるようになると説きました。ただし、トレルチの「真理の多形性」や「妥協の倫理」の概念も、一九二〇年代の知的アヴァンギャルドたち（より若い人たちで、ほとんど無歴史的指向をもっていました）の耳目を引くことはありませんでした。新時代の神学者たちは、新しい無条件の価値を見つけようとし、再び、揺るぐことのない、強力なアイデンティティーを打ち立てられるかもしれないような、絶対的・超歴史的な足掛かりを何としても見つけたいと必死になったのです。有名になったトレルチの論文「科学における革命」が、この反歴史主義の反乱をもっとも集中的に扱っています。トレルチはこの抗議に確かに一定の正当性のあることを認めていましたが、彼は、神学的思惟を通して歴史を越えた領域に達することがそもそも可能だという考えを拒絶しています。逆に、キリスト教の終末論のことを、われわれの有限性を得ることを許す記号・象徴の複雑な織物、われわれの行動の裏の意味を信じるよう促す記号・象徴な織物（われわれの相対性の経験にもかかわらず）と解釈しました。従って、トレルチの神学と倫理学を、事実のもつ規範的力に自分を合わせることさえも諦めてしまうような相対主義として解釈することはできません。それどころか、トレルチの神学と歴史哲学はまさにその正反対のものを目指していました。つまりトレルチはキリスト教信仰のことを、近代の相対主義のカオスの中で人間の個性を守るための決定的な力と理解していたのでした。

註

（1） R.M. Lepsius, Parteiensystem und Sozialstruktur. Zum Problem der Demokratisierung der deutschen Gesellschaft, in: G.A.Ritter（ed.）, Die deutschen Parteien vor 1918, Köln, 1973, 56-80.

（2） W. Loth, Katholiken im Kaiserreich. Der politische Katholizismus in der Krise des wilhelminischen Deutschlands（=Beiträge zur Geschichte des Parlamentarismus und der politischen Parteien, Bd. 75）, Düsseldorf, 1984を見られたい。

（3） Vgl. E. Troeltsch, Religion, in: D. Sarason（hrsg.）, Das Jahr 1913. Ein Gesamtbild der Kulturentwicklung, Berlin 1913, 539fを参照のこと。近年になって社会史研究からこのような評価、つまり、この時代にはいわば「ゲットー・カトリシズム」になっていたという点は、大筋で認められるに至っている。「カトリック組織（Verreinskatholizismus）はカトリックの分離に賛成し、これはカトリックのゲットー化を強化し、政治的開放性をさまたげた。……これは、ドイツ社会の分裂を強化し、固定化した。そして非均質性を促進した」と言われる。Th. Nipperdey, Religion im Umbrush. Deuschland 1870-1918, München, 1988, 31).

（4） D. Blackbourn, Volksfrömmigkeit und Fortschrittsglaube im Kulturekampf, "Stuttgart, 1988.

（5） 二〇世紀になってからでさえも、カトリック市民の「教育不足」あるいは「文化的劣勢」はカトリシズム内の文化・政治論争では中心的論点であり続けた。M.Baumeister, Parität und katholische Inferiorität. Untersuchungen zur Stellung des Katholizismus im wilhelminischen Deutschland,

Paderborn, 1987 参照。

（6） R.J.Ross, Beleaguered Tower. The Dilemma of Political Catholicism in Wilhelmine Germany, Nortre Dame & London 1976

（7） A.Mueller-Dreier, Konfessionpolitek, Gesellschaft und Kultur des Kaiserreichs. Der Evangelische Band 1886-1914（Religioese Kulturen der Moderne, Bd.7), Gütersloh 1998

（8） Th. M. Moome, Liberal Catholicism, Reform Catholicism, Modern Catholicism. A Contnribution to a New Orientation in Modernist Research（Tübinger Theologische Studien Band 14), Mainz, 1979 を見られたい。

（9） E.D. Brose, Christian Labour and the Politics of Frustration in Imperial Germany, Washington, D.C., 1985; M. Schneider, Die Christlichen Gewerkschaften 1894-1933, Bonn, 1982 を参照。

（10） W. Loth, Sociale Bewegungen im Katholizismus des Kaiserreichs, in: Geschichte und Gesellschaft 17（1991), 279-310 を見られたい。

（11） A. Kelly, The Descent of Darwin. The Popularization of Darwinism in Germany, 1860-1914, Chapel Hill: University of North Carolina Press, 1981 を見られたい。

（12） L. Hölscher, Weltgericht oder Revolution. Protestantische und sozialistische Zukunftsvorstellungen im deutschen Kaiserreich, Stuttgart, 1989 を見られたい。

（13） 重要なケーススタディに、M. Greschat, Industrialisierung, Bergarbeiterschaft und 'Pietismus'. Anmerkungen zur Wirkungsgeschichte eines Frömmigkeitstypus in der Moderne," in: A. Schindler/R. Dellsperger/M. Brecht（ed.), Hoffnung der Kirche und Erneuerung der Welt. Festschrift für Andreas Lindnt zum 65. Geburtstag am 2. Juli 1985, Göttingen 1985, 173-192 がある。

(14) H. Best, Politische Modernisierung und parlamentarische Führungsgruppen in Deutschland 1867-1918, in: Historical Social Research/Historische Sozialforschung 13 (1988), 37-43 を見られたい。

(15) J.-C. Kaiser, Sozialdemokratie und 'praktische' Religionskritik. Das Beispiel der Kirchenaustrittsbewegung, in: Archiv für Sozialgeschichte 22 (1982), 263-298 を見られたい。

(16) J.-C. Kaiser, Arbeiterbewegung und organisierte Religionskritik Proletarische Freidenkerverbände in Kaiserreich und Weimarer Republik, Stuttgart 1981.

(17) O. Pfleiderer, Reden und Aufsätze, München 1909, 88

(18) E.Bammel, Die Reichsgründung und der deutsche Protestamntismus 1973, G.Brakelmann, Kirche und Krieg: Der Krieg 1879/71 und die Reichesgründet im Urteil des Protestantismus, in: idem, Kirche in Konflikten ihrer Zeit. Sechs Einblicks, München 1981, 92-127

(19) P. Piechowski, Die Kriegspredigt von 1870/71, Leipzig 1917; M.Greschat, Krieg und Kriegsbereitschaft im deutschen Protestantismus, in: J.Duelffer/K. Holl (ed.), Bereit zum Krieg. Kriegsmentalität im wilhelminischen Deutschland 1890-1914, Göttingen 1986, 33-35.

(20) M. Baumgarten, Der Protestantismus als politisches Prinzip im Deutschen Reich, Berlin 1872. 22) Ibid., 26f., 4 参照。

(21) B. Faulenbach, Ideologie des deutschenWeges. Die deutsche Geschichtein der Historiographie zwischen Kaiserreich und Nationalsozialismus, München 1980 を見られたい。

(22) いわゆる「新ランケ派」については、F. Jaeger/J.Ruesen, Geschichte des Historismus, München,

1992, 92ff を参照。

(23) R. von Bruch, Kulturstaat-Sinndeutung von oben?, in: idem/F. W. Graf/G. Hübinger (ed.), Kultur und Kulturwissenschaften um 1900. Krise der Moderne und Glaube an die Wissenschaft, Stuttgart 1989, 63-101 を見られたい。

(24) F. Kattenbusch, Die Protestantische Kirche, in: Deutschland als Weltmacht. Vierzig Jahre Deutsches Reich. Unter Mitarbeit einer großen Anzahlberufener Gelehrter, Offiziere und Fachmänner, hrsg. vom Kaiser-Wilhelm-Dank, Berlin 1911, 598-614 を参照。

(25) W.J. Mommsen, Der autoritäre Nationalstaat. Verfassung, Gesellschaft und Kultur des deutschen Kaiserreiches, Frankfurt am Main 1990, 187-315 を見られたい。

(26) D. Langewiesche, Deutsches Kaiserreich-Bemerkungen zur Diskussion über Parlamentisierung und Demokratisierung Deutschlands," in: Archiv für Sozialgeschichte 19 (1979), 638-642 を見られたい。

(27) vom Brush 1980, 58-62; B. vom Brocke, Professoren als Parlamentaier, in: K. Schwabe (ed.), Deutsche Hochschullehrer als Elite 1815-1945. Boppard am Rhein 1988, 55-92 を見られたい。

(28) R. von Brush, Bürgerliche Sozialreform im deutschen Kaiserreich, in: idem (ed.), Weder Kommunismus noch Kapitalismus. Bürgerliche Sozialreform in Deutschland vom Vormärz bis zur Ära Adenauer, München 1986, 61-179 を参照。

(29) E.J. Kouri, Der deutsche Protestantismus und die soziale Frage 1870-1919. Zur Sozialpolitik im Bildungsbürgertum, Berlin 1984; H. Liebersohn, Religion and Industrial Society: The Protestant

Social Congress in Wilhelmine Germany, Philadelphia 1986

(30) H. von Bassi, Otto Baumgarten. Ein moderner Theologe im Kaiserreich und in der Weimarer Republik, Frankfurt am Main & Bern 1988; W. Steck (ed.), Otto Baumgarten. Studien zuLeben und Werk," Kiel 1986 を見られたい。

(31) G. Brakelmann, Ruhrgebietsprotestantismus, Bielefeld 1987, 63-83 を見られたい。

(32) J.-P.Leppi, Martin Rade und die Deutsch-Dänischen Beziehung 1909-1929, Neumünster 1981

(33) G. Brakelmann/M.Greschat/W. Jochmann, Protestantismus und Politik. Werk und Wirkung Adolf Stöckers, Hamburg 1982 を見られたい。

(34) F. W. Graf/K. Tanner, Lutherischer Sozialidealismus: Reinhold Seeberg (1859-1935)," in: F. W. Graf (ed.), Profile des neuzeitlichen Protestantismus, Bd. 1: Kaiserreich, Teil 2, Gütersloh 1993, 354-397 を見られたい

(35) 帝政期の初期においては、ベルリンのいくかの教区では六万から一〇万の信者を抱えることになった。W. Ribbe, Zur Entwicklung und Funktion der Pfarrergemeinden in der evangelischen Kirche Berlins bis zum Ende der Monarchie, in: K.Elm/H.-D. Loock (ed.), Seelsorge und Diakonie in Berlin. Beiträge zum Verhälnis von Kirche und Großstadt im 19. und beginnenden 20. Jahrhundert, Berlin & New York 1900, 233-263 を見られたい。

(36) にもかかわらず、農村的ロマン主義的イデオロギー（都市批判）はリベラル派神学者の間で必ずしも例外的なものでもなかった。たとえば、D. Lepp, Protestantisch-Liberaler Aufbruch in die Moderne. Der deutsche Protestantenverein in der Zeit der Reichsgründung und der Kulturkampfes

(Religiöse Kulturen der Moderne, Bd.3), Gütersloh 1996 を見られたい。

(37) R. von Bruch, Wissenschaft, Politik und öffentliche Meinung. Gelehrtenpolitik im Wilhelminischen Deutschland (1890-1914), Hitorische Studien 435, Husum 1980, 278ff.; G. Hübinger, Hochindustrialisierung und die Kulturwerte des deutschen Liberalismus, in: D. Langewiesche (hrsg.), Liberalismus im 19. Jahrhundert. Deutschland im europäischen Vergleich, Göttingen 1988, 193-208 を見られたい。

(38) B. Andresen, Ernst von Dyauder. Eine biographische Studien, Berlin, 1995.

(39) Lepsius, aa0.59.

(40) H. A. Winkler, Vom linken zum rechten Nationalismus. Der deutsche Liberalismus in der Krise von 1878/79, in: Geschichte und Gesellschaft 4 (1978), 5-28 を見られたい。

(41) Th. Rohkraemer, Der Militarismus der kleinen Leute. Die Kriegervereineim Deutschen Kaiserreich 1971-1914, München 1990, 203-214 を見られたい。

(42) R. Chickering, We men who feel most German. A cultural study of the Pan-German League 1866-1914, Boston, London & Sydney 1984 を見られたい。

(43) K. H. Jarausch, Deutschen Studenten 1870-1970, Frankfurt am Main 1984, 82-94; N. Kampe, Studenten und Judenfrage im Deutschen Kaisererreich. Die Entstehung einer akademischen Trägerschicht des Antisemitismus," Göttingen 1988.

(44) Nipperdey 1990, 475 参照。

(45) W. Mogk, Paul Rohrbach und das GröBere Deutschland. Ethischer Imperialismus im Wilhelm-

inischen Zeitalter. Ein Beiträg zur Geschichte des Kulturprotestantismus, München 1972 を見られたい。

（46） G. Maron, Luther und die Germanisierung des Christentums, in: Zeitschrift für Kirchengeschichte 94 (1983), 313-337 を見られたい。

（47） O. Pfleiderer, Der deutsche Volkscharakter im Spiegel der Religion, in: Deutsche Rundschau 80 (1894/III), 213 参照。

（48） F. W. Graf, Theonomie. Fallstudien zum Integrationsanspruchneizeitlicher Theologie, Gütersloh 1987, 128-192 を見られたい。

（49） Thomas Mann, Naturrecht und Humanität in der Weltpolitik in Franfurter Zeitung, 25. Dezember 1923 より

訳者あとがき

本書は二〇〇二年一〇月に聖学院大学大学院においておこなわれたフリードリッヒ・ヴィルヘルム・グラーフ客員教授の講義をまとめたものである。

グラーフ教授は現在ミュンヒェン大学プロテスタント神学部の教授で、主として倫理学と近現代のドイツ神学史の講義を担当しておられる。エルンスト・トレルチの研究者として世界的に知られているが、その研究範囲は同時代の社会的な状況の分析から、現代の精神史的な諸問題にまで及んでおり、その学際的で、高度に専門的な研究方法は高く評価され、一九九九年にはライプニッツ賞を神学の分野では始めて受賞した。

講義の通訳は日本を代表する学術会議の通訳者である近藤正臣教授（大東文化大学）が担当して下さった。それ故に本講義の最初の翻訳原稿は近藤教授によって用意された。帰国後、グラーフ教授が改めて原稿を整理し、講義の順番を入れ替え内容を大幅に改訂、修正したものを送って下さった。その改定原稿に即して深井が本書の原稿を用意した。元来、講義原稿であったので、訳文は近藤教授が最初に用意して下さった通り講演の調子がなるべく残るように工夫した。また訳文作成の最終段階として、録音テープをもとに講義の質疑応答の中で語られたこと、あるいは原稿にないことをアドリヴで述べられたことについても教授の許可を得て、適当な場所に付け加えることにした。

本書の出版の計画は既に五年前に立てられていたが、諸般の事情で今日に至ってしまった。出版を待っておられた方々、特にグラーフ教授には計画の遅れをお詫びしなければならない。しかし本書が、今日のように専門書の出版が困難な時代に聖学院大学大学院長大木英夫先生や聖学院大学出版会の山本俊明部長をはじめ、関係者の方々の特別なご配慮のもとに出版できたことに心から感謝したいと思う。

（深井）

著者

フリードリッヒ・ヴィルヘルム・グラーフ（Friedrich Wilhelm Graf）

1948年生まれ。ヴッパータール，テュービンゲン，ミュンヒェン大学にてプロテスタント神学，哲学，歴史学を学ぶ。ミュンヒェン大学にてD・F・シュトラウスについての学位論文にて神学博士号を取得。ハンブルグ防衛大学教授，アウクスブルク大学教授を経て，現在，ミュンヒェン大学神学部教授。国際トレルチ協会会員，エルフルト大学マックス・ヴェーバー研究所研究員。1999年度ライプニッツ賞受賞。

〔**著書**〕『エルンスト・トレルチ著作目録』，『プロテスタンティズムのプロフィール（全3巻）』（編著），『19世紀のプロテスタンティズム』（共著），『トレルチとドイツ文化プロテスタンティズム』（聖学院大学出版会）その他多数。

訳者

近 藤 正 臣（こんどう・まさおみ）

1942年生まれ。国際基督教大学行政大学院修士課程修了。現在，大東文化大学経済学部教授，国際会議通訳者協会（AIIC）のシニア・メンバー。会議通訳者。

〔**著書・論文**〕『開発と自立の経済学』（同文館，1989年），『文化・言語・発展途上国――社会科学複眼思考』（北樹出版，1989年），'Japanese Interpreters in Their Sociocultural Context,' *Meta,* March 1988; 'What Comparative Economic History Offers Development Economics,' *Ex Oriente,* 1991; 'Cassette Effect in Japanese Translation Words,' *The Interpreters' Newsletter, Special issue,* 1992;「日米構造協議の意味」（大東文化大学経済研究所『研究報告』1996年），「アルゼンチンとオーストラリア――何が両者を分けたか」（『大東文化大学経済学部創設60周年記念論文集』1999年）など。

〔**訳書**〕Hisao Otsuka, *The Spirit of Capitalism*（岩波書店，1982年）；E・A・リグリィ『エネルギーと産業革命』（同文舘，1991年）。

深 井 智 朗（ふかい・ともあき）

1964年生まれ。アウクスブルク大学哲学・社会学部博士課程修了。哲学博士（アウクスブルク大学），文学博士（京都大学）。現在，聖学院大学総合研究所教授。

〔**著書**〕*Paradox und Prolepsis,* Marburg, 1996, 1999（2.Aufl.），『アポロゲティークと終末論』（北樹出版），『政治神学再考』（聖学院大学出版会），『文化は宗教を必要とするか』（教文館），*Harnack und seine Zeit,* Marburg, 2002,『超越と認識』（創文社）など。

ハルナックとトレルチ

2007年5月30日　初版第1刷発行

著　者　フリードリッヒ・ヴィルヘルム・グラーフ

訳　者　近 藤 正 臣
　　　　深 井 智 朗

発行者　大 木 英 夫

発行所　聖学院大学出版会

印　刷　㈱ 堀 内 印 刷 所

〒362-8585　埼玉県上尾市戸崎1-1

電話048（725）9801　Fax.048（725）0324

E-mail: press@seigakuin-univ.ac.jp

ISBN978-4-915832-73-4　C0016

パウル・ティリッヒ研究

組織神学研究所編

二〇世紀の思想、美術などに大きな影響を与えたアメリカを代表する神学者、パウル・ティリッヒの思想を現代世界・日本の状況の中で、主体的に受けとめ、新しい神学を構築しようとする意欲的な論文集。

A5判三九九〇円

パウル・ティリッヒ研究2

組織神学研究所編

現代社会におけるキリスト教の意味を最も体系的に思索したパウル・ティリッヒの主著『組織神学』をその背後にある哲学・思想を明らかにしながら批判的に捉え直す。

A5判三九九〇円

政治神学再考

プロテスタンティズムの課題としての政治神学

深井智朗著

「政治神学」の定義は無数にあるが、本書は「宗教と国家の関係」という視点からの「政治神学類型論」を試みている。いわゆるコンスタンティヌス体制における宗教と国家との関係における政治神学をタイプAとし、それに対してアングロサクソン世界に展開したプロテスタンティズムの政治神学をタイプBとして、後者のコンテクストで日本における「宗教と国家との関係」の考察を試みている。

四六判二七三〇円

自由と結社の思想

ヴォランタリー・アソシエーション論をめぐって

J・L・アダムス著
柴田史子訳

アメリカの著名な神学者・社会倫理学者、ジェイムズ・ルーサー・アダムスのヴォランタリー・アソシエーションに関する論文を中心に社会理論・社会倫理に関する主要論文を集める。

四六判三九九〇円

イギリス・デモクラシーの擁護者A.D.リンゼイ
その人と思想

永岡薫 編著

リンゼイは、E・バーカーと並ぶ今世紀におけるイギリス政治哲学者の双璧である。本書はリンゼイのひととなりと幅広い思想を多彩な執筆者によって紹介した初の本格的研究書である。

A5判五四六〇円

正義
社会秩序の基本原理について

E・ブルンナー著
寺脇丕信 訳

正義とはなにか。実証主義と相対主義の中に国家や法の正義の理念は崩壊したのか。現代社会における正義の原理を考察し、正義が共同社会の中で、いかに適用されるべきかを論じる。

A5判六〇九〇円

近代世界とキリスト教

W・パネンベルク著
深井智朗 訳

近代世界の成立にキリスト教はどのような役割を果たしたのか。この問いに対して、ウェーバーやトレルチなどの見解が提示されてきたが、現代ドイツ神学者のパネンベルクは、近代世界の成立とキリスト教の関係を積極的に評価し、さらに現代のキリスト教の諸問題を明らかにしている。

四六判二一〇〇円

クロムウェルとイギリス革命

田村秀夫 編著

ピューリタン革命の立役者、オリヴァ・クロムウェルを、本書では、序章「クロムウェル研究史」第1部「クロムウェルの宗教」第2部「クロムウェルと政治」第3部「クロムウェルと国際関係」という多角的な視点から論ずる。

A5判五八八〇円

オリヴァー・クロムウェル
神の道具として生きる

澁谷浩 著

ピューリタン革命の中心にいたクロムウェルの信仰に裏付けられた議会での発言や画期的な軍政改革、めまぐるしく変化する政治情勢の中での行動と思考を追う書き下ろし評伝。

四六判二〇三九円

トレルチとドイツ文化プロテスタンティズム

フリードリヒ・ヴィルヘルム・グラーフ著
深井智朗・安酸敏眞編訳

マックス・ヴェーバーと並び、一九世紀から二〇世紀にかけてのドイツの文化科学、とくに歴史学、また神学思想において大きな足跡を残した、エルンスト・トレルチの思想を、文化史の観点から再評価し、現代における意義を論ずる意欲的な論考。著者は、ミュンヘン大学プロテスタント神学部教授であり、一九九九年度の「ライプニッツ賞」を受けた気鋭の研究者である。

A5判四二〇〇円

自由主義に先立つ自由

クェンティン・スキナー著
梅津順一訳

今日支配的な自由理解である「自由とは、政治体制とは関わりない個人的自由である」とする自由主義的理解に対して、一七世紀のイギリス革命において隆盛を極めたネオ・ローマ的自由理解、つまり他者の権力や意思に従属しない自由という理解を掘り起こし、その現代的意義を論ずる。現代における自由の理解に一石を投じた注目の書。

四六判二五二〇円

ヴェーバー・トレルチ・イェリネック

ハイデルベルクにおけるアングロサクソン研究の伝統

F・W・グラーフ・深井智朗編

ヨーロッパ近代の問題を理解する際に欠かすことのできない文献としてヴェーバー『プロテスタンティズムの倫理と資本主義の精神』、トレルチ『近代世界の成立におけるプロテスタンティズムの意義』、イェリネック『人権宣言論争』がある。それらは、分野やアプローチは異なるものの、アングロサクソン世界に展開したプロテスタンティズムの意義に注目している。本書は、この主題で開催された国際シンポジウムの記録を編集したものである。

四六判三七八〇円